EDITION TERRA

# Potsdam.

## Der illustrierte Stadtführer

*von Joachim Nölte*

# Inhalt

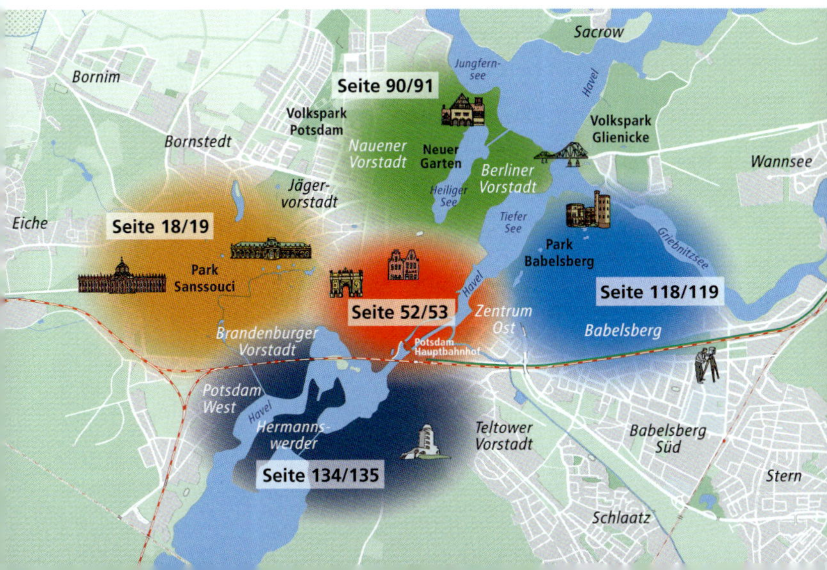

Sacrow
Jungfern-see
Havel
Bornim
Seite 90/91
Volkspark Potsdam
Volkspark Glienicke
Bornstedt
Nauener Vorstadt
Neuer Garten
Berliner Vorstadt
Wannsee
Jäger-vorstadt
Heiliger See
Tiefer See
Eiche
Seite 18/19
Park Babelsberg
Griebnitzsee
Park Sanssouci
Havel
Seite 118/119
Seite 52/53
Zentrum Ost
Brandenburger Vorstadt
Potsdam Hauptbahnhof
Babelsberg
Potsdam West
Havel
Hermanns-werder
Teltower Vorstadt
Babelsberg Süd
Seite 134/135
Stern
Schlaatz

# Herzlich willkommen in Potsdam

*Treten Sie ein – durch Stadttore, Schlossportale, Haustüren, Gartenpforten. Entdecken Sie Erlebniswelten, wie sie unterschiedlicher nicht sein können. Potsdam hat viel zu bieten. Das wollen wir Ihnen zeigen. Und wir erzählen Ihnen die Geschichten dazu, denn Potsdam ist voll von Geschichten. Sie handeln von Königen, klugen und mutigen Frauen und Männern, von Aufbau und Zerstörung, vor allem aber von den schönen Parks und Schlössern, die Potsdam weltberühmt gemacht haben. Sie werden erleben, warum ein Gang durch Potsdam eine Reise in Zeiten ist, als von hier aus Könige und Kaiser regierten. Und warum es wie eine Weltreise anmutet, wenn Sie vor einer maurischen Moschee, russischen Blockhäusern, holländischen Giebelbauten oder englischen Burgen stehen.*

Wir haben in unserem Buch Potsdam in fünf Erlebnisbereiche aufgeteilt. Da ist zunächst der Park Sanssouci mit seinen Schlössern, Kunstwerken und ganz unterschiedlichen Gärten. Dann stellen wir Ihnen die historische Innenstadt vor, die vor rund 270 Jahren planmäßig angelegt wurde und heute ein ganz eigenes Flair besitzt. Wir führen Sie in den Potsdamer Norden, wo Sie auf verwunschenen Pfaden königlichen Träumen nachspüren und den Zauber der Potsdamer Kulturlandschaft erleben. Sie lernen das facettenreiche Babelsberg mit seiner Medienstadt kennen. Und wir wandern gemeinsam am Havelufer entlang, immer das Wasser vor Augen.

Durch diese Erlebnisbereiche führen wir Sie auf zehn Touren. Wie aus einem Baukasten können Sie sich so Ihren Potsdam-Aufenthalt zusammenbauen. Auf den gelben Seiten finden Sie – passend zur Tour – unsere kleinen Geschichten. Im Gegensatz zu den früheren Auflagen unseres Stadtführers verzichten wir diesmal auf Restaurant- und Hotel-Tipps, denn erstens begegnet man in Potsdam auf Schritt und Tritt gastlichen Stätten, zweitens bietet inzwischen das Internet ausreichend Orientierung und drittens haben Sie mit der Touristinformation der Potsdam Marketing Service GmbH einen kompetenten Partner, der in allen Belangen eines Aufenthaltes in der brandenburgischen Landeshauptstadt Auskunft geben kann.

Unser Stadtführer soll die erste Begegnung mit Potsdam erleichtern. Er wird helfen, in knapp bemessener Aufenthaltszeit möglichst viele Eindrücke dieser schönen Stadt zu sammeln.

Herzlich willkommen!

# Ein paar Tipps auf den Weg

## … für einen gelungenen Aufenthalt in Potsdam

*Potsdam ist zu jeder Zeit eine Reise wert: im Frühjahr, wenn sich in den Parks und Gärten das junge Grün zeigt, im Sommer mit seiner Blütenpracht, im goldenen Herbst und auch im Winter, wenn man auf den Gewässern um Potsdam Schlittschuh laufen kann. Trotzdem gibt es eine ideale Reisezeit. Die liegt zwischen Mitte Mai und Mitte Oktober. Denn dann sind garantiert alle zugänglichen Schlösser und Aussichtstürme geöffnet, dann haben die subtropischen Pflanzen die Orangerien verlassen und schmücken wieder die Schlossgärten, dann zeigt sich auch das Wetter meist von seiner freundlichen Seite.*

! Die **Potsdamer Schlösser** sind größtenteils für den Sommeraufenthalt der preußischen Könige gebaut worden. Nur Schloss Sanssouci, das Neue Palais und Schloss Cecilienhof (wird bis voraussichtlich Herbst 2027 saniert) öffnen daher ganzjährig für die Besucher ihre Pforten. Die anderen Schlösser bleiben in der Wintersaison (Anfang November bis Ende März) geschlossen oder haben nur an Wochenenden geöffnet. Egal, ob Sommer oder Winter: Montags bleiben die Schlösser zu. Ausnahme ist das Neue Palais, es hat dienstags Schließtag.

! Ganz gleich, ob die Schlösser geöffnet sind oder nicht – die **Parks und Gärten** sind immer bis Sonnenuntergang zugänglich. Die Garten- und Landschaftsbilder mit ihren raffinierten Wegeführungen und überraschenden Sichtbeziehungen sind es wert, mit viel Muße entdeckt zu werden. Der Eintritt ist kostenlos.

! Wer sich bei den Potsdamern unbeliebt machen will, der tut dies am besten mit der Bemerkung, Potsdam sei der schönste Vorort von Berlin. Berlin ist Berlin und **Potsdam ist Potsdam** – bitte keine Rangordnung! Man sollte nicht vergessen, dass Berlin und Potsdam erst seit 1920 eine gemeinsame Stadtgrenze haben. Davor lag zwischen beiden Städten brandenburgische Provinz.

*Abschlussfeuerwerk während der Schlössernacht*

! Alljährlich am zweiten Wochenende im Monat August findet ein ultimatives Highlight statt: die **Potsdamer Schlössernacht**. Festlich erleuchtete Schlösser bilden die traumhafte Kulisse für ein opulentes kulturelles Spektakel. Auf vielen Bühnen wird Theater, Musik, Literatur, Tanz und Kleinkunst geboten. Ein Kunstmarkt lädt zum Stöbern ein, und die besten Köche aus Potsdam und Berlin verwöhnen die Gaumen. Den Abschluss bildet ein spektakuläres Musik-Feuerwerk. Die Eintrittskarten werden lange im Voraus verkauft. Viele Hotels locken für diese Zeit mit Pauschalangeboten inklusive der Eintrittskarten für die „Nacht der Nächte".

! Vergessen Sie beim Besuch von Potsdam auf keinen Fall den Fotoapparat! Kaum eine Stadt bietet so viele **Fotomotive**. Durch die Ansammlung von ganz unterschiedlichen Baustilen können Sie – wieder zu Hause angekommen – den Eindruck erwecken, Sie hätten fast ganz Europa bereist. Und die vielen Sichtachsen, bewusst angelegte Fernblicke in die Schlösserlandschaft, ... und dann sind da natürlich die Parks und Schlösser selbst. Den einen mag die Baukunst beeindrucken, der andere findet die schönsten Motive in der Natur.

! Lassen Sie sich von den vielen historischen Bauten nicht täuschen, Potsdam ist eine **junge Stadt**. Die meisten der rund 150.000 Potsdamer wohnen in Häusern, die jünger als 30 Jahre sind. Potsdam ist eine Studentenstadt. An drei Hochschulen lernen rund 25.000 Studenten. Für die Kinder der Stadt verzeichnet die Statistik 130 kommunale Spielplätze.

! Schließlich: Fragen Sie in Potsdam niemals **„Wo ist hier das Schloss?"** Die Potsdamer ahnen bestimmt, dass Sie Schloss Sanssouci meinen. Weil es aber neben Sanssouci noch 20 weitere Schlossbauten in und um Potsdam gibt, entlarven Sie sich so als ahnungsloser Anfänger.

# Zeit für Potsdam

## Ein Tag in Potsdam

Selbstverständlich besuchen Sie den **Park Sanssouci**. Die Zeit wird nicht ausreichen für alle Sehenswürdigkeiten der riesigen Anlage. Folgen Sie unserer Tour 1. Sollte der Besucherandrang am Schloss Sanssouci allzu groß sein, dann sind die benachbarten Neuen Kammern mit ihren prachtvollen Räumen eine gute Alternative. Nehmen Sie sich Zeit für die **historische Innenstadt**. Vom Park-Ein- und -Ausgang „Grünes Gitter" sind es nur wenige Schritte zum Brandenburger Tor und von dort in die typischen Altstadtstraßen. Folgen Sie Tour 4 in entgegengesetzter Richtung.

## Zwei Tage in Potsdam

Jetzt bleibt Ihnen **mehr Zeit für Sanssouci**. Sie kombinieren unsere Touren 1 und 2 und genießen das gesamte Ensemble, einschließlich des Parks Charlottenhof. Am zweiten Tag besuchen Sie den **Neuen Garten** (Tour 5) und erkunden am Nachmittag Potsdams **historische Innenstadt** (Tour 3 und 4).

## Drei Tage in Potsdam

Endlich genügend Zeit, Potsdam auf erholsame Weise zu erleben. Lernen Sie die Potsdamer **Schlösserlandschaft** und das **Havelland** vom Wasser aus kennen oder unternehmen Sie eine Radtour. Anschließend bleibt Ihnen noch genug Zeit für einen Spaziergang auf den **Pfingstberg** und für einen Besuch der **russischen Kolonie Alexandrowka** (Tour 7).

## Vier Tage in Potsdam

Sie glauben, nun alles gesehen zu haben? Keinesfalls. Der vierte Tag gehört ganz und gar dem Stadtteil **Babelsberg**. Sie sehen die Weberkaten im früheren Nowawes (Tour 9), besuchen den **Park Babelsberg** (Tour 8) und kommen in die **Villenkolonie Neubabelsberg**. Politisch Interessierte begeben sich auf die Suche nach **Spuren des Kalten Krieges** (entlang des Mauerradweges) in Potsdam.

## Fünf Tage in Potsdam

Heute lernen Sie Potsdam zusätzlich als **Stadt der Wissenschaft und des Films** kennen. Sie besuchen den **Einsteinturm** und fahren dann zum **Filmpark Babelsberg** (Tour 10), um die Welt des schönen Scheins live zu erleben (April bis Oktober geöffnet). Erholen Sie sich auf der Freundschaftsinsel mit ihrem Staudengarten und unternehmen Sie für einen Theaterbesuch einen Abstecher zum Kulturstandort **Schiffbauergasse**.

## Noch länger in Potsdam

Die bisherigen fünf Tage haben immer noch nicht ausgereicht, um alles gesehen zu haben. Waren Sie in der riesigen **Biosphärenhalle** und im nahen **Volkspark**? Haben Sie das Aquarium mit der heimischen Unterwasserwelt im Naturkundemuseum gesehen? Haben Sie im Berliner Teil der Potsdamer Kulturlandschaft die **Pfaueninsel** besucht? Haben Sie sich im benachbarten Havelland oder in der nahen Metropole Berlin umgesehen? Es gibt viele Gründe, noch länger in Potsdam zu bleiben.

# Potsdam und seine Könige

| Regierungszeit | Jahr | Herrscher |
|---|---|---|
| | 1600 | |
| | 1610 | |
| | 1620 | |
| | 1630 | |
| Kurfürst von Brandenburg 1640–1688 | 1640–1680 | **Friedrich Wilhelm** *„der Große Kurfürst"* *1620–1688 † |
| Kurfürst von Brandenburg 1688–1701 | 1690–1700 | **Friedrich I.** * 1657–1713 † |
| König in Preußen 1701–1713 | 1710 | |
| König in Preußen 1713–1740 | 1720–1730 | **Friedrich Wilhelm I.** *„der Soldatenkönig"* *1688–1740 † |
| König von Preußen 1740–1786 | 1740–1780 | **Friedrich II.** *„der Große"* *1712–1786 † |
| König von Preußen 1786–1797 | 1790 | **Friedrich Wilhelm II.** *1744–1797 † |

Über 350 Jahre lang war Potsdam Residenzstadt. Die Hoheiten waren Kurfürsten, Könige und Kaiser. Sie hießen Friedrich oder Wilhelm oder Friedrich Wilhelm und trugen zur Unterscheidung römische Ziffern hinter ihren Namen.

Sie stammten aus dem Haus Hohenzollern und herrschten über Brandenburg, dann über Preußen und schließlich über das Deutsche Reich. Einige lebten meist in Potsdam, andere nur gelegentlich. Aber alle hatten einen Anteil am Werden Potsdams.

Der erste, der Entscheidendes für Potsdam tat, war der „Große Kurfürst" **Friedrich Wilhelm**. Er ließ anstelle einer verfallenen Burg am Ufer der Havel ein Schloss errichten und machte Potsdam 1660 zur Residenzstadt.

Sein Sohn errang 1701 die Königswürde als **Friedrich I.**, König in Preußen. Er ließ das Schloss mit dem Fortunaportal schmücken. Davon ist heute eine Nachbildung zu sehen.

Dann kam der „Soldatenkönig", **Friedrich Wilhelm I.** nach Potsdam. Er baute das 200-Häuser-Städtchen zur Garnisonstadt aus. Um für die Soldaten Unterkünfte zu schaffen, wurden – wie am Fließband – Bürgerhäuser mit Einquartierungsstuben gebaut. Unter seiner Regentschaft wuchs die Einwohnerzahl um das Achtfache.

Sein Sohn **Friedrich II.**, der „Große", brachte königlichen Glanz nach Potsdam. Im Stil des „friderizianischen Rokoko" wurden Schloss Sanssouci und weitere Bauten im umliegenden Park errichtet. Auch in der Potsdamer Innenstadt hat der König für repräsentative Gebäude gesorgt.

Der Nachfolger **Friedrich Wilhelm II.** ließ den Neuen Garten anlegen. Hier herrschte ein romantisch-verträumter Zeitgeschmack.

Mit dem Klassizismus zog auch ein neuer Baustil ein. König **Friedrich Wilhelm III.** ließ eine Siedlung aus russischen Blockhäusern errichten. Die Parks und Schlösser seiner drei Söhne sind Teile der Potsdamer Kulturlandschaft.

Potsdam und Umgebung als „Preußisches Arkadien" gestaltet zu haben, ist der Verdienst von **Friedrich Wilhelm IV.**, des „Romantikers auf dem Thron". Der Hobby-Architekt ließ an den schönsten Orten der Umgebung Bauwerke errichten, die mit der Landschaft zu einem Gesamtkunstwerk verschmelzen. Er verlieh Potsdam eine italienische Note.

Danach kam **Wilhelm I.** auf den Thron – erst als preußischer König, ab 1871 als Deutscher Kaiser. Im Park Babelsberg schuf er sich ein Sommerrefugium. Sein Sohn regierte als Kaiser **Friedrich III.** nur 99 Tage. Für ihn war das Neue Palais „Schloss Friedrichskron".

Kaiser **Wilhelm II.** ließ während des Ersten Weltkrieges für den Kronprinzen das Schloss Cecilienhof errichten. Kurz darauf musste er abdanken.

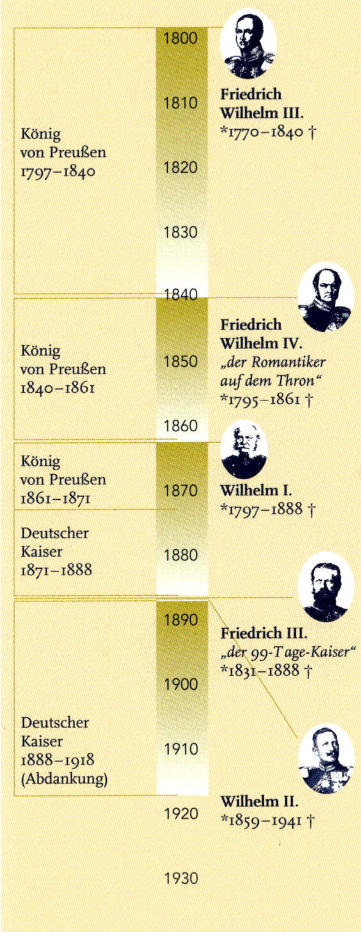

# Potsdams UNESCO-Welterbe

Harmonie ist es, was die Landschaft um Potsdam auszeichnet. Keine Extreme, keine Naturwunder sind hier zu erwarten, dafür ein sanftes Wechselspiel von Gewässern und Anhöhen, von Wäldern und Auen, von einsamen Plätzen und belebten Orten. Als der „Große Kurfürst" daranging, Potsdam zur zweiten Residenz neben Berlin zu erheben, erhielt er von einem weit gereisten Freund, Johann von Nassau-Siegen, den später viel zitierten Rat: „Das ganze Eyland muss ein Paradies werden". Gemeint war die Insel Potsdam. Das war 1664. 326 Jahre später wurden Teile dieser Insel von der UNESCO zum Welterbe der Menschheit erklärt. Sie stehen auf einer Liste erhaltenswerter Kulturleistungen gemeinsam mit den ägyptischen Pyramiden und der chinesischen Mauer.

Was war in der Zwischenzeit geschehen? Weitflächig wurden in der Landschaft um Potsdam Parks und Gärten angelegt, wurden Schlösser, Aussichtstürme und andere markante Bauwerke gebaut und dies alles

Die Potsdamer Kulturlandschaft

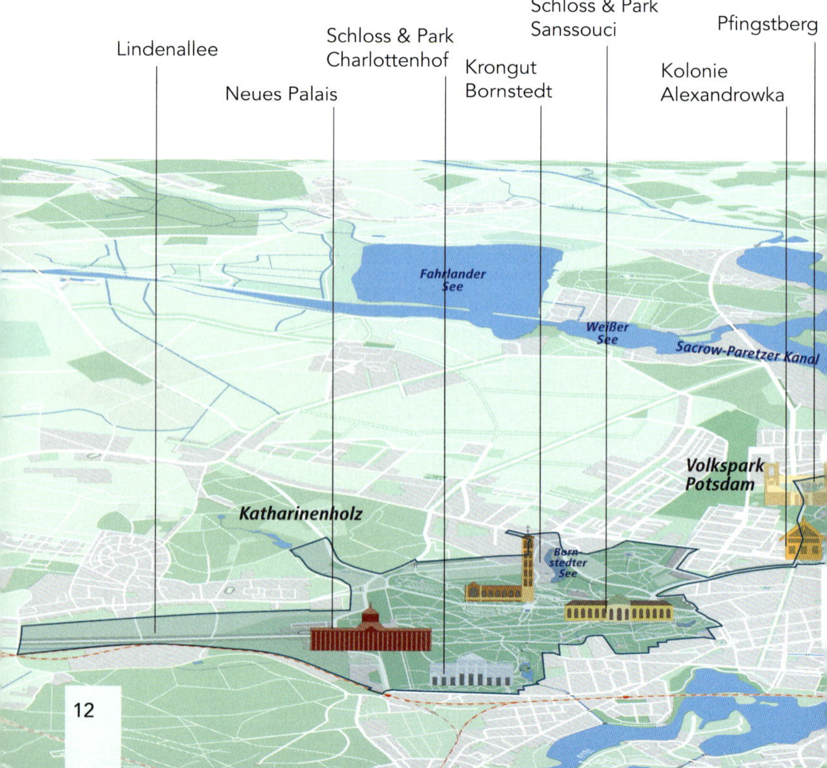

durch Alleen und Sichtachsen miteinander verbunden. So entstand nach und nach ein großes, begehbares Landschaftsgemälde. Aus der Anfangszeit unter dem „Großen Kurfürsten" sind nur noch wenige Zeugnisse vorhanden – das Schloss Caputh ist ein solches. Umso mehr wirken die Schlossbauten und Parkanlagen Friedrichs des Großen und seiner Nachfolger in unsere Zeit hinein.

Mit einem Namen ist die Potsdamer Kulturlandschaft besonders verbunden: Peter Joseph Lenné, der geniale Landschaftsarchitekt. Er entwarf 1833 einen „Verschönerungs-Plan" für Potsdam. In den folgenden Jahrzehnten fügte er Parks und Schlösser zu einer sich wechselseitig bereichernden Schlösserlandschaft zusammen. Potsdam ist von einem Kranz sechs großer Gärten umgeben. Dieses Ensemble reicht weit über das Potsdamer Stadtgebiet hinaus ins benachbarte Havelland und auf Berliner Gebiet. Von allen deutschen Stätten des Welterbes hat sie die größte Ausdehnung.

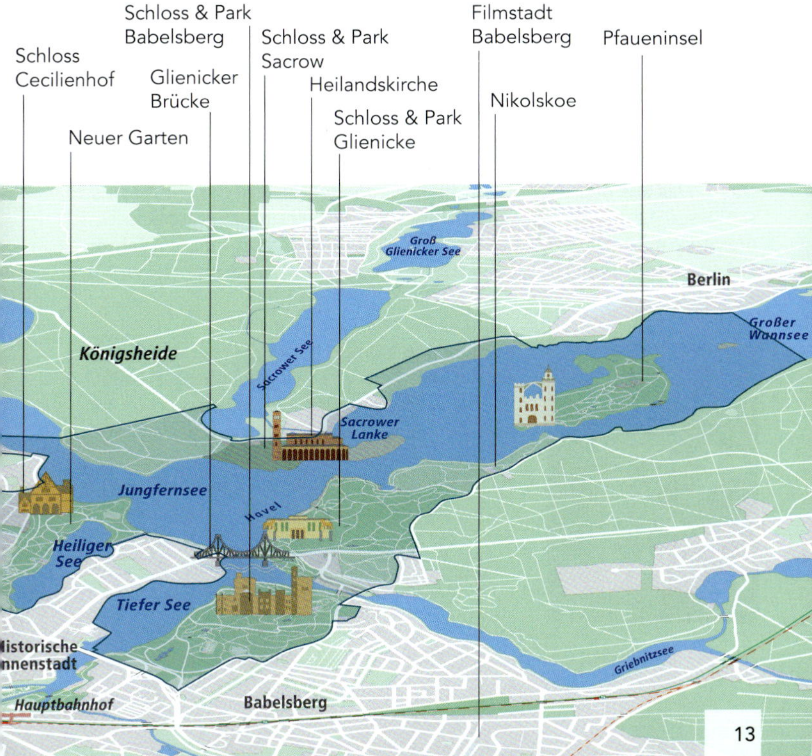

# Die Schlösserstiftung

*Mit der Aufgabe, die Güter des Potsdamer Welterbes zu pflegen und zu bewahren, sie wissenschaftlich auszuwerten und der Öffentlichkeit zugänglich zu machen, ist die Stiftung Preußische Schlösser und Gärten Berlin-Brandenburg – kurz „Schlösserstiftung" – betraut.*

Als im November 1918 Kaiser Wilhelm II. abdankte und ins Exil ging, stand die Frage: Was wird mit dem Besitz der Hohenzollern? Denkmalpfleger plädierten dafür, dass die Schlösser mitsamt ihrem Inventar unter einer gemeinsamen Verwaltung vereint bleiben. So wurde 1927 die „Verwaltung der Staatlichen Schlösser und Gärten" gegründet, um die Schlösser als „Museumsschlösser" der Öffentlichkeit zugänglich zu machen.

Während des Zweiten Weltkrieges wurden das Berliner Schloss, das Potsdamer Stadtschloss und das Schloss Charlottenburg von Bomben getroffen und brannten teilweise aus. Die Mauern des Berliner Schlosses und des Potsdamer Stadtschlosses wurden später gesprengt. Während der deutschen Teilung gab es eigenständige Schlösserverwaltungen in Potsdam und im Westteil Berlins. Die Kontakte auf fachlicher Ebene sind jedoch nie abgerissen. So fiel es nach der Wiedervereinigung nicht schwer, an frühere Gemeinsamkeiten anzuknüpfen.

Am 1. Januar 1995 trat der Staatsvertrag über die Errichtung der „Stiftung Preußische Schlösser und Gärten Berlin-Brandenburg" in Kraft. In ihr sind die zuvor getrennten Schlösserverwaltungen vereint. Träger der Stiftung sind die Länder Brandenburg und Berlin sowie der Bund. Das aus den 1920er-Jahren stammende Konzept der „Museumsschlösser" ist für die Stiftung unverändert aktuell und maßgeblich. Um diesem Anspruch gerecht zu werden, bleibt in den kommenden Jahren vor allem im Bereich der Denkmalpflege und Restaurierung viel zu tun.

**Königin und König für ein Jahr**
mit der Jahreskarte der Stiftung Preußische Schlösser und Gärten Berlin-Brandenburg ist der Eintritt für alle Schlösser und Ausstellungen frei.
80 Euro/erm. 60 Euro

**Besucherzentren** ⓘ
der Stiftung Preußische Schlösser und Gärten Berlin-Brandenburg
14414 Potsdam
· An der Orangerie 1 und
· Am Neuen Palais
Tel. (0331) 96 94 200
www.spsg.de

*Fotos rechts: die Weinbergterrassen mit Schloss Sanssouci, Belvedere auf dem Klausberg, Detail am Chinesischen Haus*

Schlösser, Parks und Gärten

# Der Park Sanssouci

## Friedrich der Große

Er ist selbst dem Tod näher als dem Leben, als er gezwungen wird zuzusehen, wie seinem Freund der Kopf abgeschlagen wird. Der muss für Verbrechen büßen, die der andere begangen hat: Hochverrat und Fahnenflucht. Was wie ein antikes Drama aussieht, ist der Höhepunkt eines Vater-Sohn-Konfliktes, zu dem jahrelange körperliche Züchtigungen ebenso gehören wie seelische Grausamkeiten. Die Rede ist von Friedrich, der später als König den Beinamen „der Große" erhalten wird, und seinem Vater Friedrich Wilhelm I., „dem Soldatenkönig". Erst am Totenbett söhnen sich beide aus. In späteren Jahren offenbart der Sohn einige unangenehme Charaktereigenschaften seines Vaters: Herrschsucht und Unnachgiebigkeit.

Friedrich II., geboren 1712, war ein musischer Mensch. Er schrieb Gedichte, komponierte, philosophierte und entwarf Schlösser. Mit einer Zeichnung Friedrichs begann auch die Geschichte von Schloss Sanssouci. Er kannte sich aus bei den großen Denkern der Antike, wusste, was in Frankreich geschrieben wurde, und interessierte sich für die Naturwissenschaften. Anders als sein Vater, der sich mit Militärs umgab, suchte er die Gesellschaft großer Geister. Legendär sind die Tafelrunden (siehe Seite 25) auf Schloss Sanssouci.

Kein anderer König hat Potsdam so nachhaltig geprägt wie Friedrich II., genannt „der Große". Er holte Architekten, Bildhauer, Maler und Kunsthandwerker aller Sparten nach Potsdam. Meist lieferte er selbst die Anregungen für die Bauwerke und orientierte sich dabei an Vorbildern verschiedener Epochen und Länder. Gern beaufsichtigte er die Arbeiten selbst und machte dabei seinen Baumeistern das Leben schwer.

Als Friedrich 1740 mit 28 Jahren den Thron bestieg, war Preußen zwar wirtschaftlich und militärisch stark, politisch aber ohne Bedeutung. Nach drei Kriegen im Laufe von 23 Jahren wurde Preußen zur europäischen Großmacht. Der Preis dafür war hoch, denn die Kriege waren verlustreich und brachten das Land an den Rand des Ruins. Der König wurde 74 Jahre alt und hieß im Volk inzwischen „der alte Fritz".

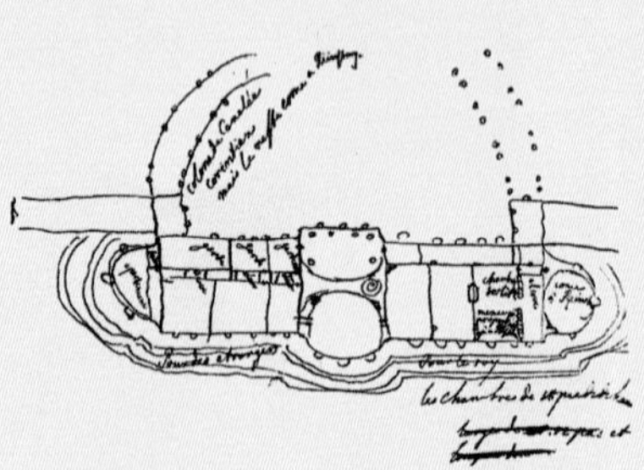

*Eigenhändige Entwurfsskizze Friedrichs II. zum Grundriss des Schlosses Sanssouci, wohl in der zweiten Hälfte des Jahres 1744 entstanden.*

# Das Ensemble von Sanssouci

## ... wie es wurde, was es ist

**Ca. 1720 – 1745, die Vorgeschichte:** Dort, wo heute die Friedenskirche steht, ließ der „Soldatenkönig“ einen Küchengarten, sein „Marly“, anlegen, der ihm auch als Sommerfrische diente. Friedrich II. soll als Kind Gefallen an dem nahegelegenen „Wüsten Berg“ gefunden haben.
**1744 beginnt die erste Bauphase** mit der Umgestaltung des „Wüsten Berges“ zu einem Weinberg und der Grundsteinlegung von Schloss Sanssouci. Sie endete 1756 mit Beginn des Siebenjährigen Krieges. Es entstand ein umfangreicher Parkbereich um Schloss Sanssouci bis zum Chinesischen Haus.
**Nach 1763** begannen, als Zeichen der ungebrochenen Kraft Preußens, die Bauarbeiten am Neuen Palais. Die Neuen Kammern und die Bildergalerie erhielten ihre heutige Gestalt. Mit dem Tod Friedrichs II. 1786 begann für Sanssouci zunächst ein Schattendasein.
**1816 kam Peter Joseph Lenné nach Potsdam** und wirkte fast 40 Jahre daran, den Park Sanssouci so zu gestalten, wie wir ihn heute kennen. 1825 entstand der Park Charlottenhof, König Friedrich Wilhelm IV. bereicherte das Parkensemble um italienische Akzente.
**1888 gelangte Wilhelm II. auf den Kaiserthron.** Mit seiner Familie verbrachte er die Sommermonate im Neuen Palais. Eine Reihe von kleineren Anlagen im Park gehen auf ihn zurück.
Am Ende des **Zweiten Weltkrieges** blieb der Park Sanssouci vom Kriegsgeschehen zum Glück nur gering betroffen. Die denkmalpflegerische Arbeit ist seither darauf gerichtet, den Zustand aus der jeweiligen Entstehungszeit originalgetreu wiederherzustellen. Wenn Besucher beim Betreten des Parks Sanssouci gebeten werden, freiwillig Eintrittsgeld zu bezahlen, dann, um diese Aufgabe zu unterstützen.

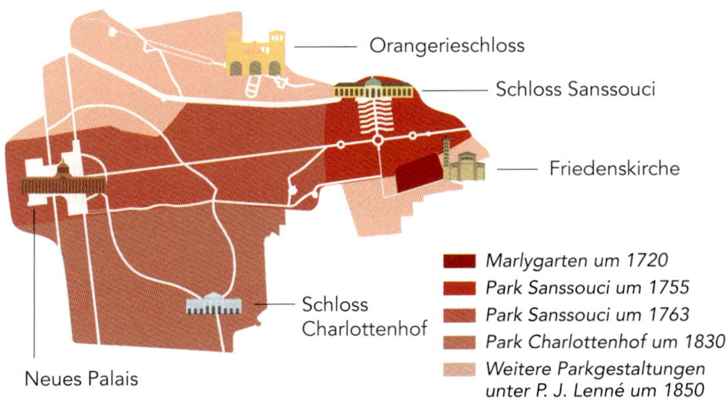

*Sanssouci! Das ist der Name eines Sommerschlosses, einer Parkanlage und eines königlichen Traums, der jetzt für alle einige Stunden lang wahr wird. Willkommen in der wohl schönsten Parklandschaft Deutschlands mit zahlreichen, ganz unterschiedlichen Schlössern.*

Die Besichtigung des Areals ist in zwei Touren geteilt. Eine kurze für Eilige und eine zweite, die die erste ergänzt und dann durch den gesamten Park führt.

**Tour 1** dauert zwei bis drei Stunden (ohne Innenbesichtigungen) und erlaubt eine kurze Bekanntschaft mit dem Ensemble zwischen dem Schloss Sanssouci und der Friedenskirche.

**Tour 2** (ca. 5 Stunden) führt zusätzlich durch den italienisch anmutenden Park Charlottenhof, zum Neuen Palais, dem größten Schloss der Anlage, und zu markanten Aussichtspunkten oberhalb des Parks Sanssouci.
**Extra:** Die Nachbarn von Sanssouci

## Tour 1: Rund um das Schloss Sanssouci – ein Kurzbesuch

**2 – 3 Stunden**
ohne Innenbesichtigung

BUS **695,**
**X15** (Sa/So April bis Okt.)
**Halt: *Schloss Sanssouci***

**Park Sanssouci**
geöffnet bis zum
Einbruch der Dunkelheit

**Schloss Sanssouci**
April bis Okt.
Di–So 10–17.30 Uhr
Nov. bis März
Di–So 10–16.30 Uhr

**Damenflügel**
geöffnet im Rahmen von
Sonderveranstaltungen

**Schlossküche**
April bis Okt.
Di–So 10–17.30 Uhr

*Fotos oben: Schloss Sanssouci, Konzertzimmer*

### 1 Schloss Sanssouci

Worin liegt der Zauber dieses kleinen Schlosses, das schon Millionen Besucher aus aller Welt angezogen hat? Auf Deutsch heißt Sanssouci „ohne Sorge", ganz auf die persönlichen Bedürfnisse eines eigensinnigen Monarchen zugeschnitten. Es ist ein Bauwerk von unvergleichlicher Schönheit, das einen eigenen Baustil begründete – das friderizianische Rokoko. Und dennoch, es verbreitet eine private, zarte Wirkung, denn es besitzt menschliche Dimensionen. Nur drei Stufen trennen die Innenräume von der Außenfläche auf der obersten Weinbergterrasse. Innen und außen, Natur und Kunst verschmelzen zu einer Einheit. Getragen wird das Schloss scheinbar von derben Naturen, Fabelwesen, die Sanssouci das Märchenhafte verleihen. Es sind Bacchantinnen und Bacchanten, Gehilfen des Gottes des Weins und des Frohsinns.

Sanssouci entstand nach Skizzen Friedrichs II. Der Architekt war Georg Wenzeslaus von Knobelsdorff, ein Jugendfreund des Königs. Beim Bau des Schlosses kam es zu heftigen Auseinandersetzungen, denn entgegen dem Rat des Baumeisters bestand der König darauf, auf Keller zu verzichten. Die Folge spürt heute noch jeder Besucher: Es ist kalt und feucht hier, selbst an warmen Tagen.

Das Schloss gliedert sich in drei Bereiche: in der Mitte die Gesellschaftsräume, das **Vestibül** und der **Marmorsaal**, rechts die privaten Räume des Königs, links die Gästezimmer.

Die Besichtigung der Innenräume dauert ca. 45 Minuten und führt durch fast alle Räume. Dekorateure, Stuckateure, Bildhauer und Maler haben hier bewundernswerte Leistungen vollbracht. Höhepunkte sind der Marmorsaal und die Privatgemächer des Königs: der Musiksaal, die Bibliothek, das Arbeits- und Schlafzimmer Friedrichs II. Letzteres befindet sich allerdings nicht mehr im Originalzustand. Als der König hier starb, befand es sich in einem abgewohnten und verunreinigten Zustand. Der Thronfolger ließ den Raum im klassizistischen Stil neu gestalten. Die anderen Räume sind weitgehend so erhalten, wie Friedrich II. sie gesehen hat.

Zwei Gebäudeflügel, hinter Laubengängen versteckt, verlängern das Schloss. Sie wurden aufgestockt und nach 1840 neueren Bedürfnissen angepasst. Sie sind eingeschränkt zu besichtigen: der **Damenflügel** auf der linken Seite und die **Schlossküche** auf der rechten.

**Schloss Sanssouci**

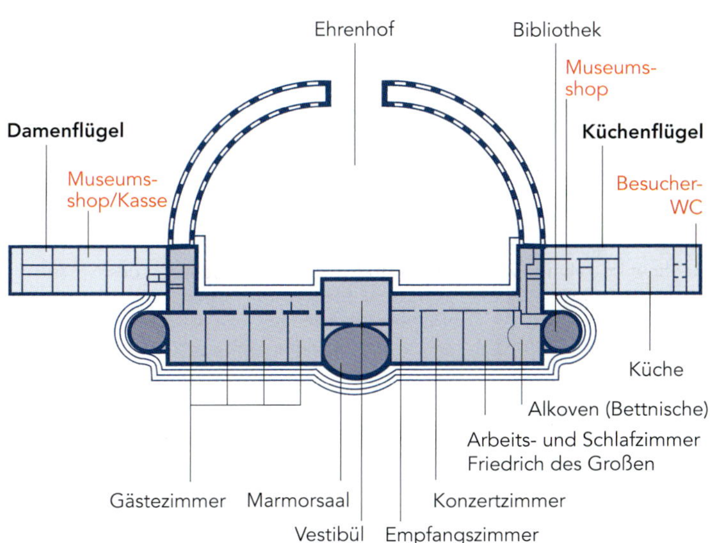

*Marmorsaal im Schloss Sanssouci*

**Ein Rundgang um das Schloss** beginnt an der Nordseite. In zwei Viertelbögen umschließt ein Säulengang, eine Kolonnade, den **Ehrenhof**. Hier fuhren einst die hochherrschaftlichen Besucher mit ihren Kutschen vor und wurden empfangen. Heute formieren sich hier die Besucher zu Gruppen, um durch das Schloss geführt zu werden. Schauen Sie hinüber zum gegenüberliegenden Hügel. Antike Säulen stehen dort, als würden sie jeden Moment zusammenstürzen, dazu ein scheinbar mittelalterlicher Turm. Das ist der **Ruinenberg**. Alle Bauten dort wurden als Ruinen-Kulisse errichtet und sind – so morbide sie auch aussehen – frisch restauriert. Zwischen diesen künstlichen Ruinen verborgen befindet sich ein Bassin, aus dem die Fontänen im Park Sanssouci ihr Wasser bekommen. Das Bassin wird von den inzwischen elektrischen Pumpen im historischen Dampfmaschinenhaus an der Havel gespeist. Zu Zeiten Friedrichs II. blieben die Fontänen trocken, denn erst die Einführung der Dampfmaschine sorgte für die nötige Kraft für den Wasserzauber.

## Abstecher: Ruinenberg

Eine kleine Wanderung auf den Ruinenberg lohnt sich. Der Weg dauert kaum mehr als zwanzig Minuten. Belohnt werden Sie mit einem herrlichen Ausblick vom **Normannischen Turm** in den Potsdamer Norden, zum Volkspark, hinüber zum Pfingstberg und natürlich auf Schloss Sanssouci.

**Normannischer Turm**
geöffnet im Rahmen von Sonderveranstaltungen

Tram **92**
**Halt:** ***J.-Bouman-Platz***
*(Zugang von Norden)*

An der Schlossküche vorbei kommen Sie zu einem eisernen Laubenkabinett. Bei schönem Wetter strahlt seine vergoldete Sonne besonders hell. Auf die antike Figur des Knaben, der seine Hände dem Himmel entgegenstreckt, hatte Friedrich II. von seiner Bibliothek aus stets eine unverstellte Sicht.

Wenige Meter weiter befindet sich das **Grab Friedrich des Großen**. Beim Bau des Schlosses Sanssouci wurde die Gruft angelegt, in der Friedrich II. mit seinen Windspielen begraben werden wollte. Sein Nachfolger missachtete diesen Wunsch und ließ den Sarg in die Garnisonkirche bringen, von wo aus er

*Am Grab Friedrich II.*

ⓘ **Besucherzentrum Historische Mühle**
April bis Okt.
Di–So 9.30–17.30 Uhr
Nov.–März
Di–So 9.30–16.30 Uhr

BUS **695,**
**X15** (Sa/So April bis Okt.)
**Halt: *Schloss Sanssouci***

1945 eine Odyssee quer durch Deutschland antrat. Erst am 17. August 1991, am 205. Todestag, wurde er endlich in einer bewegenden Zeremonie in der Gruft bestattet.

Um das Schloss herum stoßen die Besucher immer wieder auf Porträtbüsten römischer Kaiser, deren Machtfülle den König beeindruckte. Über Baumwipfel hinweg kommen die Flügel der **Historischen Mühle** ins Bild, die sich häufig im Wind drehen (siehe Seite 50). Unterhalb der Mühle finden Sie ein **Besucherzentrum** der Stiftung Preußische Schlösser und Gärten.

**Neue Kammern** ♿
April bis Okt.
Di–So 10–17.30 Uhr

## 2 Die Neuen Kammern

An einer **Cleopatra-Plastik** und den **Gräbern königlicher Rösser** vorbei gelangt man in Richtung Westen über einen schmalen Stieg zu einem Schlossbau, der in seinen Dimensionen an Sanssouci erinnert. Es sind die Neuen Kammern, die gleichzeitig mit Schloss Sanssouci als Orangerie gebaut wurden. Rund 25 Jahre später wurde es zum Gästehaus umgebaut. Friedrich II. fügte damit den Gästewohnungen in seinem Schloss weitere hinzu.

Die Innenausstattung steht der von Sanssouci kaum nach. Den glanzvollen Höhepunkt bildet der **Jaspissaal**, ein Festsaal von atemberaubender Pracht. Wem das Warten auf eine Führung durch Sanssouci zu lang wird, kann hier einen ebenso guten Eindruck von der Kunstfertigkeit des friderizianischen Rokoko bekommen.

*Die Neuen Kammern mit dem Kirschgarten – Genpool historischer Kirschsorten für zukünftige Generationen im Park Sanssouci*

## Die Tafelrunde von Sanssouci

Da sitzen sie, große Geister ihrer Zeit, und führen ein ungezwungenes Gespräch. Lieblingsthema ist die Philosophie, vor allem die der alten Griechen. Aber auch die Künste und die Wissenschaft kommen nicht zu kurz. Immerhin sitzen neben König Friedrich II. (1) u. a. der französische Aufklärer und scharfzüngige Literat Voltaire (2), der Marquis d'Argens (3), Kenner der Antike, der italienische Philosoph Algarotti (4), der Arzt und Philosoph La Mettrie (5).

Die Unterhaltungen sind so ungezwungen, dass Voltaire später darüber schrieb, ein Fremder würde geglaubt haben, „die Sieben Weisen Griechenlands im Freudenhaus" zu hören. Robuste Naturen müssen es allerdings gewesen sein, die sich täglich dem beißenden und auch verletzenden Spott des Königs aussetzten. Und es waren nur Männer. Selbst die Gemahlin des Königs war offiziell nie in Sanssouci.

Als Friedrich II. sein Refugium auf dem Weinberg plante, muss er die Tafelrunden bereits vor seinem geistigen Auge gesehen haben. Der Marmorsaal bietet mit seiner heiteren Leichtigkeit den idealen Rahmen für das Gespräch am runden Tisch – vorausgesetzt, es ist warm genug dafür. Bei kühlerer Witterung zog man sich in den Empfangsraum zurück, der als einziger mit einem Kamin versehen ist.

Ihre beste Zeit hatten die Tafelrunden zwischen 1750 und 1753, als der berühmte Voltaire Gast am Hofe Friedrichs II. war. Der König war damals um die 40 Jahre alt und hatte bereits zwei Kriege gewonnen. Es heißt, Voltaire habe den Ausdruck „Friedrich der Große" geprägt. Dennoch verließ Voltaire Potsdam im heftigen Streit. Nach dem Siebenjährigen Krieg 1763 kam Friedrich verbittert nach Sanssouci zurück. Mit den Tafelrunden war es vorbei. Vereinsamt starb er hier 1786.

Mitte des 19. Jahrhunderts hat der deutsche Maler Adolph Menzel die klassische Tafelrunde in einem Gemälde nachempfunden. Das Original dieses Bildes wurde im Zweiten Weltkrieg zerstört.

*Gartenkunst im Sizilianischen Garten*

### 3 Der Sizilianische Garten

Der Rundgang führt nun in den Sizilianischen Garten. Er gehört zu den besonderen Kunstwerken im Park. Komponiert aus Laubengängen, Blumenrabatten und Skulpturen, ist er mit seinen subtropischen Pflanzen italienischen Renaissance-Gärten nachempfunden.

### 4 Die Rondelle

Von hier aus führt der Weg zur **Hauptallee**. Der zentrale Verbindungsweg durch die gesamte Parkanlage von Sanssouci weitet sich in der Umgebung von Schloss Sanssouci immer wieder zu Rondellen aus, die durch Plastiken in mystische Orte verwandelt werden.

Vom Sizilianischen Garten kommend, empfängt zunächst das **Entführungsrondell**. Vier Plastiken illustrieren Entführungsfälle der griechischen und römischen Sagenwelt. Auch Paris und Helena sind dabei.

Das am Ende der Allee sichtbare Neue Palais im Rücken, folgt bald das **Musenrondell**. Es wartet mit acht Statuen von Thalia, Erato, Klio und ihren Musen-Kolleginnen auf.

*Die Rondelle mit Skulpturen entlang der Hauptallee*

Dann das **Fontänenrondell**, mit Blick auf die Neuen Kammern und die Historische Windmühle. Die acht Statuen zeigen überwiegend Liebespaare aus der Mythologie.

Nun führt die Tour zur **Großen Fontäne** unterhalb des Schlosses Sanssouci. Um das Bassin gruppieren sich Marmorfiguren, die Gestalten aus der antiken Sagenwelt und die vier Elemente darstellen: das Wasser, das Feuer, die Erde und die Luft. Sie stammen von französischen Bildhauern – daher der Name **Französisches Rondell.**

Weiter geht es zum **Oranierrondell**. Acht Porträtbüsten zeigen Prinzen und Prinzessinnen aus dem Haus Oranien, in das der „Große Kurfürst" einheiratete und damit eine lange Tradition preußisch-niederländischer Verbindungen begründete. Seine Büste ist hier zu sehen und die seiner Gemahlin Louise Henriette.

Den Abschluss bildet das **Erste Rondell** mit vier Portraitbüsten aus schwarzem Marmor.

*Fontänenrondell an der Hauptallee*

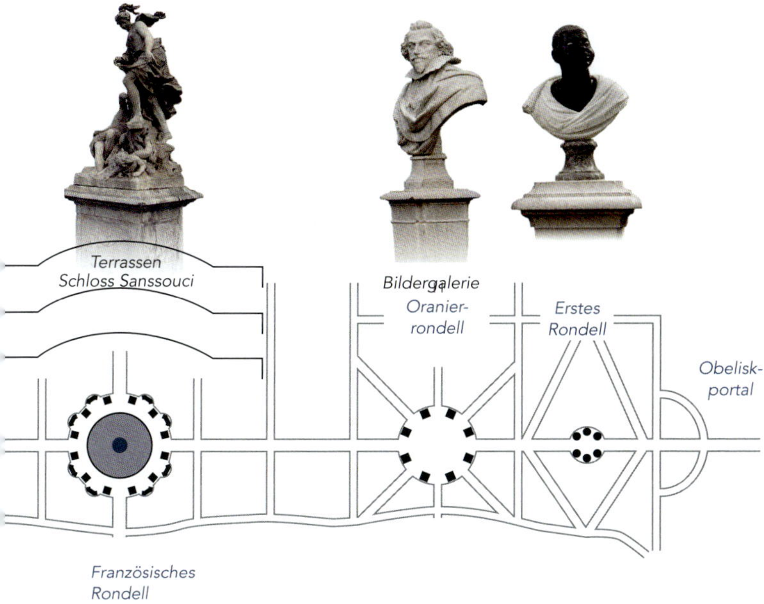

Terrassen Schloss Sanssouci
Bildergalerie
Oranier-rondell
Erstes Rondell
Obelisk-portal
Französisches Rondell

**Bildergalerie**
Mai bis Okt.
Di–So 10–17.30 Uhr

*Detail aus: Caravaggio, Der ungläubige Thomas*

## 5 Die Bildergalerie

Auf der Höhe des Oranierrondells befindet sich die Bildergalerie, scheinbar das Spiegelbild der Neuen Kammern östlich von Schloss Sanssouci. Dieses Gebäude entstand nur zu dem Zweck, die Gemäldesammlung Friedrichs II. aufzunehmen. Es gilt daher als die erste Gemäldegalerie auf dem europäischen Kontinent.

Von außen zeigt sich die Bildergalerie eher schlicht, im Inneren überrascht sie allerdings mit vergoldeten Ornamenten und glänzenden Marmorfußböden: ein prachtvoller Rahmen für die Werke Alter Meister. Rund die Hälfte der einstigen Gemälde sind seit dem Zweiten Weltkrieg verschollen. Es gelang jedoch, die Lücken so zu füllen, dass der heutige Besucher einen unverfälschten Eindruck von den Intentionen Friedrichs II. beim Sammeln **italienischer und holländischer Meister** bekommt. Hier hängen die Bilder so, wie es zur Zeit des Rokoko üblich war, eng neben- und übereinander. Die einzelnen Gemälde fügen sich so zu einem großen Bildteppich. Die Bildergalerie enthält außerdem Teile der Skulpturensammlung Friedrichs II.

Entlang der Außenfassade erstreckt sich eine reiche Sammlung von Plastiken. Achtzehn Figuren symbolisieren Wissenschaften und Künste, u.a. die Geschichtsschreibung, die Bildhauerei, die Malerei, die Philosophie. Besucherlieblinge sind die zwölf Puttengruppen auf der **Puttenmauer**.

## Des Königs Fontänen

Der Karfreitag 1754 ist ein schwarzer Tag für König Friedrich II. Trotz des nasskalten Frühlingswetters macht er sich auf den Weg in den Park von Sanssouci, um ein Schauspiel zu erleben, auf das er seit Jahren gewartet hatte. Endlich sollten die Fontänen sprudeln. Im Bassin auf dem Ruinenberg hat sich, nicht zuletzt dank der ergiebigen Schneemassen des vergangenen Winters, reichlich Wasser angesammelt. Friedrich II. reitet durch das Obeliskportal und wartet am Fontänenbassin auf den großen Moment. Fast 15 Meter hoch steigt die Wassersäule. Als der Wind dreht, schlägt dem König die Nässe ins Gesicht. Tief ergriffen weicht er jedoch keinen Meter. Nach einer Dreiviertelstunde ist alles vorbei. Er sollte die Fontänen in Sanssouci nie wieder sprudeln sehen.

Für Friedrich II. stellte sich nun die Frage, wie genügend Wasser für regelmäßige Wasserspiele auf den Ruinenberg geschafft werden kann. Er hoffte dabei auf die Kraft des Windes und ließ Mühlen bauen. Die königlichen Baumeister standen dem allerdings skeptisch gegenüber und riskierten sogar Ungnade. Nacheinander meldeten sich stattdessen mehrere Scharlatane mit der vorgeblichen Lösung. Der dreisteste von ihnen behauptete, man müsse das Wasser zunächst bergab laufen lassen, damit es Schwung für den Weg nach oben nehmen könne. 16 Jahre lang ließ Friedrich II. nichts unversucht, um sein Sanssouci mit den Wasserspielen zu vollenden.

Erst die Kraft des Dampfes war stark genug, ausreichend Wasser ins Bassin auf dem Ruinenberg zu pumpen. Gerade ein Jahr auf dem Thron, wollte Friedrich Wilhelm IV. das Werk seines Vorfahren vollenden und bestellte bei den Berliner Borsig-Werken eine stationäre Dampfmaschine mit der damals gewaltigen Kraft von 80 Pferdestärken. Zwei Jahre dauerte es, ein modernes Röhrensystem zu verlegen und eine Pumpstation samt Dampfmaschine zu bauen. Baumeister Persius entwarf hierfür ein Pumpenhaus im Stil einer maurischen Moschee.

Am 22. Oktober 1842 floss erstmals Wasser in die Fontänen. Als am nächsten Tag das Königspaar zur offiziellen Eröffnung erschienen war und alles wie geplant funktionierte, drehte wiederum der Wind …

*Große Fontäne unterhalb des Schlosses Sanssouci*

## Der gewöhnliche Judasbaum an der Gartendirektion

Die Hofgärtner genossen in Preußen einen guten Stand. Bei der Leitung des ihnen zugeschriebenen Gartenreviers hatten sie freie Hand. Sie führten die direkten Befehle des Königs aus und waren nur ihm gegenüber zur Rechenschaft verpflichtet. Der König bezahlte sie gut, finanzierte ihre Bildungsreisen und stellte ihnen Dienstpersonal und möblierte Wohnungen zur Verfügung.

Fünf Jahre nach Fertigstellung seiner Residenz ließ Friedrich II. 1752 unterhalb des Weinbergs zwei Häuser mit jeweils zwei Wohnungen für die Hofgärtner errichten. In räumlicher Nähe zu ihren betreuten Revieren waren hier der Küchengärtner Johann Samuel Sello, der Bananengärtner Johann Georg Steiner und die mit den Sanssouci-Terrassen betrauten Gärtner Philipp Friedrich Krutisch und Friedrich Zacharias Saltzmann mit ihren kinderreichen Familien untergebracht.

1787 schaltete Friedrich Wilhelm II. eine Garteninspektion zwischen die Hofgärtner und den König. Der Garteninspektor Johann Gottlob Schulze bezog 1791 das östliche Gebäude und richtete dort eine Unterrichtsstätte für Gärtnerlehrlinge ein. Unter Friedrich Wilhelm III. änderte sich die Verwaltung abermals, und Schulze wurde Gartendirektor. Sein größter Konkurrent Peter Joseph Lenné zog 1817 in das westliche Haus. Nach Schulzes Pensionierung übernahm er 1828 sowohl dessen Amt als auch dessen Dienstwohnung.

Das Gebäude wurde 1850 im Stil eines Landhauses umgebaut, aber es ist bis heute Sitz der Gartendirektion geblieben. Ein 1975 an die südwestliche Ecke gepflanzter Baum unterstreicht das mediterrane Flair der Architektur: der Judasbaum.

Wie sein Name bereits enthüllt, erstreckt sich das natürliche Verbreitungsgebiet des am Mittelmeer beheimateten „Baumes von Judäa" bis nach Israel. Dort hat sich der Legende zufolge Judas Ischariot nach seinem Verrat an Jesus an einem solchen Baum erhängt. Die Besonderheit des Judasbaumes zeigt sich im Frühjahr, wenn er sein kahles Geäst mit einem Kleid aus lilafarbenen Schmetterlingsblüten bedeckt: Sie treten nicht wie gewöhnlich an jungen Trieben in Erscheinung, sondern brechen aus älteren Zweigen und sogar aus dem Stamm hervor. Es bietet den Vorteil, dass die Blüten zur Bestäubung auch von größeren Tieren erreicht werden können, und ermöglicht dem Baum, schwerere Früchte zu tragen.

## 6 Die Neptungrotte

Der weitere Weg führt an den Putten entlang, geradeaus zur frisch restaurierten **Neptungrotte**. Zur Zeit Friedrichs II. gehörten Grotten in jeden besseren höfischen Garten. Sie waren nicht nur Schmuck, sondern dienten auch zur kühlenden Rast bei Parkspaziergängen.

Zurück auf der Hauptallee, ist das letzte der Rondelle erreicht, das **Mohrenrondell**, zu dem neben Marmorbüsten exotischer Menschen auch die zweier römischer Kaiser gehörten.

Die Allee führt direkt auf das **Obeliskportal** zu. Die zwei Torpfeiler, bestehend aus je vier klassischen Säulen, sind das Werk Knobelsdorffs, des Erbauers von Schloss Sanssouci.

Eine liegende Nymphe weist den weiteren Weg. Es geht einige Stufen hinauf, um wenige Meter weiter auf einem Balkon zu stehen, der eine prächtige Aussicht auf die Friedenskirche eröffnet.

**Grotte:** *(ital.) künstliche Felsenhöhle, meist mit Brunnen*

**Obelisk:** *hoher vierkantiger, sich nach oben verjüngender Stein; Sinnbild des altägyptischen Sonnengottes*

Das Obeliskportal mit einem ägyptischen Vorbildern nachempfundenen Obelisk als Endpunkt des Schlossbezirks

### Historischer Ort: das Triumphtor

Schräg gegenüber dem Obelisk, wenige Meter außerhalb des Parks Sanssouci, wurde ein Hügel in Weinbergterrassen verwandelt. Das italienische Winzerhäuschen macht die Täuschung vom sonnigen Süden perfekt. Am Fuß des Hügels steht ein Tor aus kunstvoll verarbeiteten roten Ziegeln. König Friedrich Wilhelm IV. plante hier den Beginn einer Triumphstraße, die sich am nördlichen Rand des Parks Sanssouci hinziehen sollte. Bis auf das Orangerieschloss blieb die Straße ein Fantasieprodukt. Das Tor selbst feiert den Sieg der Truppen des späteren Königs Wilhelm I. über revolutionäre Aufständische in Süddeutschland 1849.

**Friedenskirche**
April bis Okt.
täglich geöffnet

**Basilika:** *(altgriech.) dreischiffige Kirchenanlage aus der Frühzeit des Christentums*

### 7 Die Friedenskirche

Ganz wie in Italien steht da eine Basilika mit einem 42 Meter hohen Campanile. Das ganze Ensemble spiegelt sich malerisch im Wasser. Hier haben Baumeister und Landschaftsgestalter eine gemeinsame Idee verwirklicht.

Die ersten Pläne für die Friedenskirche stammten von König Friedrich Wilhelm IV., der mit diesem Gotteshaus seiner tiefen Religiosität ein Monument setzen wollte. Frühchristliche und romanische Vorbilder sind unverkennbar. Zehn Jahre dauerte der Bau der Kirche, die 1854 geweiht wurde. Entstanden ist ein ganzer Komplex, bestehend aus **Basilika**, **Glockenturm**, **Vorhalle** und klosterähnlichen Anbauten. Kein Wunder, wenn sich die Besucher beim Betreten in eine Klosteranlage versetzt fühlen.

Das Innere der Friedenskirche enthält eine Reihe wertvoller Kunstwerke, darunter ein Mosaik aus der Kirche San Cypriano auf der Insel Murano bei Venedig. Unter dem Altar befindet sich die **Gruft** mit dem Sarg des Bauherren und seiner Gemahlin.

An die Friedenskirche schließt ein **Mausoleum** an. Durch das Gitter kann man – zumindest in den Sommermonaten – die Särge Kaiser Friedrichs III. und seiner Gemahlin und den des „Soldatenkönigs" Friedrich Wilhelm I. sehen. Eine große Statue des betenden Jesus unterstreicht den Charakter dieses Ortes.

Im klosterartigen **Säulengang** entlang der Kirche ist ein Wandstück als Brunnen gestaltet. Antike Fundstücke wurden an einer rohen Ziegelmauer befestigt. Diese Mauer gehörte zur Umzäunung des Marlygartens, den der „Soldatenkönig" hier anlegen ließ. Sie diente auch als Kugelfang bei Schießübungen.

Durch den Säulengang geht es zum Pförtnerhaus, von wo eine kleine Pforte zum Ausgang **Grünes Gitter** führt. Von dort sind Sie in wenigen Minuten in der Potsdamer Innenstadt. Oder Sie folgen Tour 2 auf einem weiteren Rundgang durch den Park Sanssouci.

**Mausoleum:** *architektonisch ausgeführtes fürstliches Grabmal*

**Campanile:** *(ital.) freistehender Glockenturm*

BUS **695**/April bis Okt. **X15**
**Halt:** ***Luisenplatz Nord/ Park Sanssouci***

**Historische Orte: Begräbnisstätten preußischer Monarchen im Park Sanssouci**

Friedrich Wilhelm I. – Mausoleum neben der Friedenskirche
Friedrich II. – Gruft neben Schloss Sanssouci
Friedrich Wilhelm IV. und Gemahlin – Gruft unter der Friedenskirche
Friedrich III. und Gemahlin – Mausoleum neben der Friedenskirche
Auguste Victoria, Gemahlin von Kaiser Wilhelm II. – Antikentempel

## Tour 2: Der Park Sanssouci – den ganzen Park erleben

ca. 5 Stunden

**Tram 91, 94**
**BUS 605, 631, X5**
**Halt: *Luisenplatz Süd/Park Sanssouci***

*Fotos oben: Belvedere auf dem Klausberg, Schloss Charlottenhof unten: Friedrich II.*

### 1 Der Marlygarten

Gleich hinter dem Parkeingang **„Grünes Gitter"** führt eine kleine Mauerpforte in den Marlygarten. Hier, wo zur Zeit des „Soldatenkönigs" Kohl und Rüben für die Schlossküche angebaut wurden, gestaltete der Gartenkünstler Peter Joseph Lenné vor rund 150 Jahren einen besonders schönen Parkbereich. Er wurde in den vergangenen Jahren nach alten Plänen wiederhergestellt. Mit der Bezeichnung „mein Marly" wollte der sparsame „Soldatenkönig" seine Verachtung gegenüber der verschwenderischen Hofhaltung in Versailles ausdrücken. Der dortige Schlossgarten heißt „Marly".

Der Hauptweg durch den Marlygarten führt zu einem Gärtnerhaus aus der Entstehungszeit von Schloss Sanssouci. Auf der anderen Seite dieses Hauses steht die berühmte **Marmorstatue Friedrichs des Großen**. Sie zeigt den noch jungen König mit dem Spazierstock in der Hand und den Blick in die Ferne gerichtet. Es ist ein Werk aus dem Jahr 1899.

Wenige Meter weiter beschert der Weg eine unvergessliche Aussicht auf die Weinbergterrassen und Schloss Sanssouci, auf die Fontäne und die Skulpturen des Französischen Rondells. In Blickbeziehung zum Schloss steht das Haus des Feldmarschalls von Keith, einem engen Freund Friedrichs II.

## 2 Das Chinesische Haus

Stets in Sichtweite zum Schloss Sanssouci schlängelt sich der Weg zu einem der beliebtesten Ziele im Park Sanssouci, dem Chinesischen Haus. Es steht in einem Parkbereich jenseits der nach französischen Vorbildern angelegten Gärten. Es wurde 1754 in die wilde Natur des **Rehgartens** gebaut, um der höfischen Gesellschaft einen Ort zum Verweilen zu bieten.

Auf dem Dach dieses kleeblattförmigen, goldenen Pavillons sitzt unter einem Sonnenschirm ein Mandarin. Ihm scheint die Aussicht zu gefallen. Um das Haus herum gruppieren sich exotisch anmutende Gestalten. Teils in Dreiergruppen, teils als musizierende Einzelfiguren. Beim näheren Betrachten stellt sich die Frage: Sind hier wirklich Chinesen dargestellt, oder eher als Chinesen verkleidete Europäer?

Das Innere des Hauses dient als Ausstellungsraum für seltenes Porzellan. Der Pavillon zeigt, wie sehr das Reich der Mitte zur Zeit Friedrichs II. die Mode beeinflusste.

**Chinesisches Haus**
Mai bis Okt.
Di–So 10–17.30 Uhr

*Chinesisches Haus*

## 3 Der Park Charlottenhof

Der Ökonomieweg hinter dem Chinesischen Haus führt zu einer kleinen Brücke. Über sie hinweg und durch eine Pforte im **Meiereigebäude** erreicht man einen Parkbereich, der im 18. Jahrhundert noch ein Gutshof außerhalb vom Park Sanssouci war. König Friedrich Wilhelm IV., der zeit seines Lebens von Italien träumte und immer nach Gelegenheiten suchte, seinen Sehnsüchten konkrete Gestalt zu geben, hat dieses Gelände angefügt.

Bereits als Kronprinz erhielt er das Terrain geschenkt und verpflichtete zwei begnadete Künstler mit der Gestaltung: den Gartenarchitekten Lenné und den Architekten Schinkel. Durch das glückliche Zusammenwirken beider Künstler entstand ein meisterhaftes Ensemble von Landschaftspark und Architektur. Die ordnende Hand wird im Park kaum sichtbar. Alles erscheint natürlich und dennoch ist alles nach einem ausgeklügelten Plan so platziert, dass sich immer neue, unerwartete Sichten ergeben. Anders als bei Barockgärten ist in diesem Landschaftsgarten nichts auf das Schloss hin ausge-

**Tram 91, 94**
**BUS 605, 610**
**Halt: *Schloss Charlottenhof***

*Betörende Düfte im Rosengarten am Schloss Charlottenhof*

*Polyeder-Sonnenuhr am Eingang zu den Römischen Bädern*

richtet. Wiesen, Baumgruppen, Plastiken und Gebäude stehen in einer gleichberechtigten und harmonischen, heiteren Beziehung. Da dieser Teil des Parks Sanssouci weniger besucht wird, ist er der ideale Ort für Ruhe und Besinnung.

### 4 Die Römischen Bäder

Italienische Landhäuser sind die Vorbilder für die malerische Gebäudegruppe mit dem Namen Römische Bäder. Entstanden ist sie zwischen 1829 und 1840. Obwohl eines der Häuser einem antiken römischen Bad (Caldarium) nachempfunden ist, fungierte es niemals als Badeanstalt. Der Bauherr Kronprinz Friedrich Wilhelm IV. hat sich hiermit ein Stück Italien nach Preußen geholt. Vier Häuser und Pavillons sind durch Pergolen miteinander verbunden und bilden so ein geschlossenes Ganzes.

**Römische Bäder** wegen Sanierungsarbeiten geschlossen

### 5 Der Maschinenteich

Nicht weit von den Römischen Bädern entfernt erstreckt sich der Maschinenteich, ein künstlich angelegtes Gewässer. Hier lieferte einst die erste Dampfmaschine Preußens die Kraft für das fließende Wasser im Park Charlottenhof. Die kleine Insel im See ist über eine Brücke erreichbar. Von hier aus bietet sich noch einmal ein idyllischer Blick auf die Römischen Bäder mit dem **Teepavillon** im Vordergrund.

*Im Innenhof der Römischen Bäder*

## Der königliche Butt

Am Eingang zu den Römischen Bädern findet sich ein kleiner, steinerner Wasserspender in der Form eines Fisches. So rund und gedrungen wie er aussieht, kann es nur ein Butt sein.

Es ist unglaublich, aber wahr: Mit dieser Figur hat sich der Bauherr, Kronprinz Friedrich Wilhelm IV., ein augenzwinkerndes Denkmal gesetzt. Schon in seiner Kindheit wurde er von seinen Geschwistern „Butt" genannt. Vielleicht weil er etwas rundlich geraten war, vielleicht auch als witzige Anspielung auf den Titel des französischen Thronfolgers: „Dauphin" (was Delfin bedeutet). Der Kronprinz hat seinen Spitznamen angenommen und selbst verwendet. Das Ess-Service auf Schloss Charlottenhof trägt auf allen Teilen einen goldenen Butt, und auch in seinem Schriftverkehr fügte Friedrich Wilhelm gern die Zeichnung eines Butts ein. Und er hat – selbstironisch genug – den wasserspeienden Fisch entworfen.

Überhaupt war der König eine Künstlernatur. Als kleiner Junge begann er, Dantes „Göttliche Komödie", Goethes „Faust" und einige von Shakespeares Werken zu illustrieren. Mehr und mehr interessierte er sich allerdings für Landschaften und Architektur. Und immer wieder kam seine Sehnsucht nach dem Süden zum Ausdruck. Italien war für ihn das Land der Träume. Bereits mit 15 Jahren meinte er, in Rom jeden Winkel zu kennen. Sein Vater sah diese Liebe zu Italien mit Sorge und Skepsis. Erst im Alter von 33 Jahren durfte Friedrich Wilhelm dorthin fahren. Die Eindrücke waren überwältigend. „Es ist zum ohnmächtig werden", schrieb er nach Hause.

Das Orangerieschloss und die Friedenskirche im Park Sanssouci, die Sacrower Heilandskirche sowie viele über die Stadt verstreute Villen im italienischen Stil zeugen von dieser Reise. Denn Friedrich Wilhelm IV. holte durch diese Bauten ein wenig Italien nach Preußen. Der Landschaftsgestalter Lenné und die Architekten Schinkel, Persius, Hesse u.a. unterstützten ihn dabei. Ihr gemeinsames Werk wurde zum Weltkulturerbe.

## Lenné – der Gärtner des Königs

Diesmal ist er zu weit gegangen. Der Gartendirektor und somit Verantwortliche für alle Gartenanlagen der Residenzen Berlin und Potsdam, Peter Joseph Lenné, hat dem König einfach widersprochen, als dieser Änderungen im großen Plan zur Verschönerung der Potsdamer Landschaft vornehmen wollte. König Friedrich Wilhelm IV. wird zornig und zeigt Lenné die Tür. Was bildet sich dieser Mann ein, der nur behutsame Eingriffe in die Natur vornehmen will, anstatt der Natur den königlichen Willen aufzuzwingen? Ein paar Tage später glaubt Lenné, das Donnerwetter sei vorüber. Und tatsächlich – die Hügel und Baumgruppen dürfen wie geplant angelegt werden, nur ein paar Gebüschpflanzungen und kleine Wasserläufe sollen ihren Platz wechseln. Lennés Plan ist gerettet.

War es nun ein Vor- oder ein Nachteil, dass der 1840 auf den Thron gelangte Friedrich Wilhelm IV. von Architektur und Landschaftsgestaltung einiges verstand und mit Vorliebe selbst Pläne entwarf? Es war beides, denn einerseits besaß Lenné nun einen Auftraggeber für all die großen Projekte, die er sich vorgenommen hatte. Andererseits aber musste Lenné viel Diplomatie im Umgang mit hochgestellten Persönlichkeiten entwickeln, um die Ansprüche an sich selbst wahren zu können.

1816 war Lenné nach Potsdam gekommen, und von Beginn an bezog er die weitere Umgebung in seine Pläne mit ein. Die Parkanlagen der Schlösser bildeten dabei die zentralen Teile. 1833 verfasste er einen „Verschönerungsplan der Umgebung von Potsdam". Für dessen Umsetzung entstanden mit der Thronbesteigung Friedrich Wilhelms IV. günstige Voraussetzungen. Der neue König schrieb damals an Lenné: „… aus der Umgebung von Berlin und Potsdam könnte ich nach und nach einen Garten machen; ich kann vielleicht noch zwanzig Jahre leben, in einem solchen Zeitraum kann man schon etwas vor sich bringen. Entwerfen Sie mir einen Plan!"

Was Lenné in den folgenden Jahren schuf, bestimmt heute noch das Bild der Grünzonen Potsdams, und es ist Teil des Weltkulturerbes geworden. Lenné wurde Ehrenbürger der Stadt Potsdam, eine Straße am Rande des Parks Sanssouci erhielt seinen Namen.
Er starb 1866 und liegt auf dem Bornstedter Friedhof begraben.

*Schloss Charlottenhof mit Maschinenteich im Vordergrund*

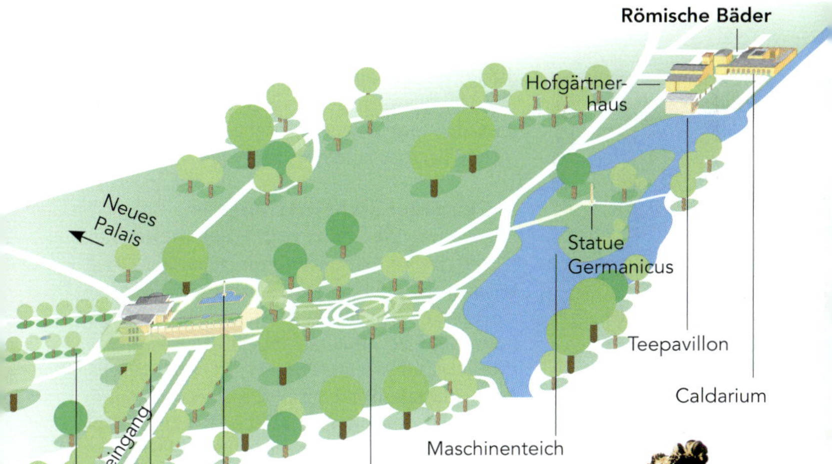

**Römische Bäder**
Hofgärtnerhaus
Neues Palais
Statue Germanicus
Teepavillon
Caldarium
Maschinenteich
Parkeingang
Büste von Kronprinzessin Elisabeth
**Schloss Charlottenhof**
Dichterhain
Rosengarten

## 6 Schloss Charlottenhof

Wer nicht den kürzesten Weg zum Schloss Charlottenhof einschlägt, sondern den kleinen Umweg durch den **Rosengarten** nimmt, wird mit reicher Blütenpracht belohnt.

Karl Friedrich Schinkel, der Architekt zahlreicher klassizistischer Bauten in Berlin und Potsdam, hat 1829 mit dem kleinen Schloss Charlottenhof ein besonderes Meisterwerk vollbracht. Auf der begrenzten Grundfläche eines früheren Gutshauses ließ er ein Bauwerk entstehen, das mit einfachen Stilmitteln den Geist der Antike vermittelt. Es enthält nur neun eher

*Büste von Kronprinzessin Elisabeth*

**Schloss Charlottenhof**
Mai bis Oktober
Di–So 10–17.30 Uhr

**Tempel:** *(latein.) Kultbau für eine Gottheit*

kleine Räume. Die schlichte Innengestaltung – teilweise ebenfalls von Schinkel – trägt zu dem eher bürgerlich-privaten Charakter dieses Schlosses bei. Die Vorliebe des Bauherren für das Fremde und Ungewöhnliche zeigt sich deutlich im Zeltzimmer mit seiner blau-weiß gestreiften Tapete und der zeltartigen Decke.

Neben dem Schloss erhebt sich in einem Bassin eine Marmorsäule, darauf die Büste einer jungen Frau. Es ist ein Bildnis der Kronprinzessin Elisabeth. Gegenüber dem Haupteingang von Schloss Charlottenhof markieren die Porträtbüsten der deutschen Dichtergrößen Goethe und Schiller den Beginn des Dichterhains. Jeweils vier deutsche und vier italienische Dichter sind dort verewigt.

*Marmorplastik von Friedrichs Lieblingsschwester Wilhelmine im Freundschaftstempel*

## 7 Der Freundschaftstempel

Der weitere Weg führt zum **Hippodrom**. Die elliptische Reitbahn ist als ein separater Parkteil angelegt, bei dem wiederum römische Anlagen als Vorbild dienten. Unterschiedlich hohe Gehölze sollen an abgestufte Sitzreihen erinnern. Im weiten Bogen geht es zurück in den friderizianischen Teil des Parks zu einem kleinen Tempel, den Friedrich II. seiner früh verstorbenen Lieblingsschwester Wilhelmine widmete, dem Freundschaftstempel. Er ist eine der typischen Parkarchitekturen des Barock. Die Medaillons an den Säulen zeigen berühmte Freundespaare aus der Antike.

**Alexander von Humboldt** (1769 – 1859)

Er war den Amazonas hinaufgefahren, hatte schneebedeckte Gipfel in den Anden bestiegen, alte Kulturen entdeckt und bis dahin unbekannte Pflanzen und Tiere beschrieben. Fünf Jahre lang war er in Mittel- und Südamerika unterwegs. Später folgte eine Expedition nach Sibirien. Alexander von Humboldt gilt als einer der größten Forschungsreisenden des 19. Jahrhunderts und Wegbereiter einer wissenschaftlichen Geografie. Unter anderem in Schloss Charlottenhof und in den Römischen Bädern arbeitete er an seinem Hauptwerk „Kosmos". 1849 wurde er Potsdams Ehrenbürger.

*Foto: Denkmal vor der Humboldt-Universität Berlin*

## Wilhelm II. – eigensinniger Enkel von Queen Victoria

Nach nur 99 Tagen auf dem Thron stirbt Kaiser Friedrich III. am 15. Juni 1888 im Alter von nur 57 Jahren. Die kaiserliche Standarte auf dem Neuen Palais, wo er seit einigen Jahren die Sommermonate verbrachte, weht auf Halbmast. Rund um das Gebäude ist von Trauer allerdings keine Spur. In kleinen Gruppen nähern sich Uniformierte, umstellen das Schloss und bilden eine Postenkette. Die Gewehre sind geladen, Neugierige werden davongejagt. Es ergeht der Befehl, dass niemand das Palais verlassen darf. Wer in Verdacht gerät, etwas aus dem Haus zu schmuggeln, wird durchsucht. Der Befehl gilt nicht etwa illoyalen Bediensteten, sondern der Witwe des Kaisers. Sie steht unter Hausarrest. Es wurde der Verdacht ausgesprochen, sie habe sich des Hoch- und Landesverrats schuldig gemacht.

In die Welt gesetzt hatte diesen Verdacht ihr eigener Sohn, der 28-jährige Thronerbe Wilhelm II. Er hasste seine Mutter. Als älteste Tochter der britischen Königin Victoria besaß sie eine von Liberalismus, Rationalität und Toleranz geprägte Lebensauffassung, die dem jungen Preußen stets fremd blieb. Vor allem gab er ihr die Schuld daran, dass er mit einer körperlichen Behinderung leben musste. Denn während seiner Geburt wurden Nerven beschädigt, die für die Beweglichkeit des linken Arms wichtig sind. In den Kindheitsjahren hatte die Mutter mit zum Teil brutalen Mitteln versucht, den Makel zu beseitigen. Das Ergebnis war ein schwieriger, unausgeglichener Charakter.

Im Neuen Palais des Jahres 1888 wurde allerdings nichts gefunden, was die Witwe des Verrats überführen könnte. Als neues Quartier wurde ihr daraufhin das Krongut Bornstedt zugewiesen, wo sie bereits schöne Jahre in der ersten Zeit ihrer Ehe zugebracht hatte.

Der neue Kaiser Wilhelm II. nutzte in den Sommermonaten ebenfalls das Neue Palais als Residenz und ließ dort einige technische Neuerungen einbauen, z.B. einen Fahrstuhl. Selbst ein eigener Bahnhof, der Potsdamer „Kaiserbahnhof", wurde in der Nähe errichtet.

Am 31. Juli 1914 unterschrieb der Kaiser im Neuen Palais die Erklärung des Kriegszustandes, der Erste Weltkrieg begann. Sein Ende besiegelte den Untergang der deutschen Monarchie.

## 8 Das Neue Palais

Den Vorplatz des Neuen Palais erreichen Sie über die Hauptallee. Sie läuft genau auf den Mittelteil des Schlosses zu. Hier haben Sie einen vollen Blick auf das imposante Gebäude. Es ist eine Drei-Flügel-Anlage mit seitlichen Anbauten. Ein paar beeindruckende Zahlen: 240 Meter lang, 300 Zimmer, zwei Vestibüle, mehrere Festsäle, dazu ein Theater, vier Treppenhäuser verbinden die drei Etagen, das Schloss verfügt über 322 Fenster und ist geschmückt mit 488 Figuren vor und auf der Fassade. Erbaut wurde es in nur sechs Jahren zwischen 1763 und 1769.

Mit dem Ende des Siebenjährigen Krieges war Preußen zur europäischen Großmacht aufgestiegen. Das Neue Palais sollte ein architektonischer Ausdruck der neuen Macht sein. Für den König war das Schloss eine gewaltige Prahlerei. Obwohl sich Friedrich II. in einem Seitenflügel (!) selbst eine prachtvoll ausgestattete Wohnung einrichten ließ, bewohnte er das

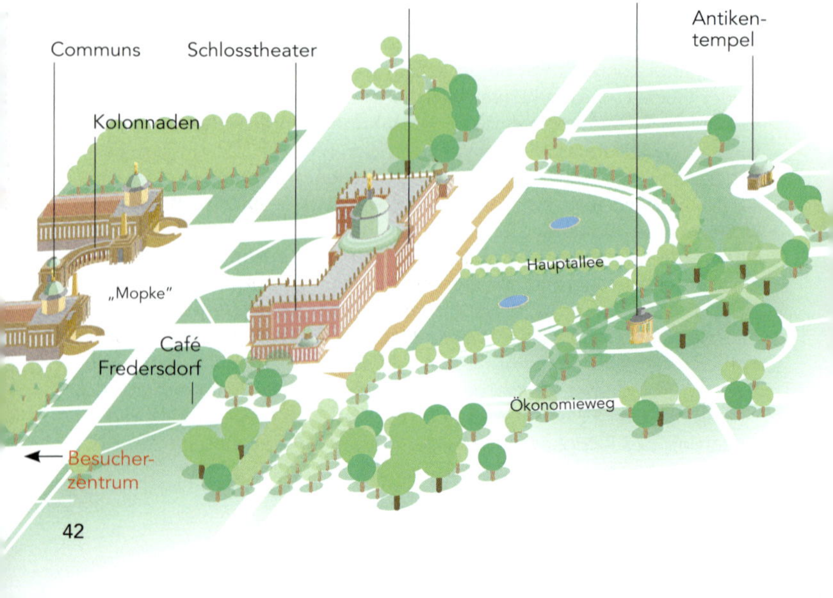

BUS **605, 697**
**X5, X15** (nicht ganzjährig)
**Halt: *Neues Palais***

**Neues Palais**
April bis Okt.
Mi–Mo 10–17.30 Uhr
Nov. bis März
Mi–Mo 10–16.30 Uhr

ⓘ **Besucherzentrum am Neuen Palais**
April bis Oktober
Mi–Mo 10–17.30 Uhr
Nov. bis März
Mi–Mo 10–16.30 Uhr

Büste von Peter J. Lenné, Christian Daniel Rauch 1848

**Neues Palais**
Marmor- und Grottensaal

Freundschafts-tempel

Antiken-tempel

Communs

Schlosstheater

Kolonnaden

„Mopke"

Café Fredersdorf

Hauptallee

Ökonomieweg

← Besucher-zentrum

große Schloss selten. Es blieb Besuchern – Verwandten und ausländischen Gästen – vorbehalten. Im Inneren begegnet man noch einmal der ganzen Pracht des friderizianischen Rokoko. Besonders beeindruckend ist der sich über zwei Etagen erstreckende Festsaal, der **Marmorsaal**, und der im Erdgeschoss befindliche **Grottensaal**. Seine Wände sind mit Muscheln, Mineralien und Korallen dekoriert. Von außen nicht sichtbar, beherbergt das Schloss eines der schönsten Rokoko-Theater Deutschlands. Es verfügt über 300 Plätze und ist eine Spielstätte des Potsdamer Hans Otto Theaters.

Die **Besuchereingänge** zum Neuen Palais befinden sich auf der Rückseite des Gebäudes. Von hier aus tut sich der Blick auf ein weiteres schlossähnliches Bauensemble auf. Die von **Kolonnaden** miteinander verbundenen Zwillingsbauten mit den großen ausschwingenden Treppen und den markanten Kuppeln dienten ursprünglich profanen Zwecken. Hier befand sich die Küche des Neuen Palais (unterirdisch miteinander verbunden), und hier wohnten die zahlreichen Diener. Daher wurden sie **Communs** – das heißt „Bauten fürs gemeine Volk" genannt. Heute besitzt hier die Universität Potsdam Hörsäle und Seminarräume.

*Marmorgalerie*

*Schlosstheater im Neuen Palais*

Aufgrund von Sanierungsarbeiten kommt es zur zeitweisen Schließung einzelner Räume.

**Communs:** *(franz.) Kammern; Nebengebäude eines Schlosses*

### Historischer Ort: Die „Communs"

Der Platz zwischen dem Neuen Palais und den „Communs" – der sogenannte „Mopke" (benannt nach den in Holland üblichen Backsteinpflasterungen) – war Paradeplatz vor allem für das in den nahen Kasernen stationierte Lehr-Infanterie-Bataillon. Es bestand aus Abgesandten deutscher Regimenter, die hier mit den neuesten Exerzierreglements vertraut gemacht wurden. Ein Haufen fanatischer Hitlerjungen hielt in den letzten Kriegstagen diesen „Ruhmeshof" für den richtigen Platz, um sich zu verschanzen und der anrückenden Roten Armee ein Scharmützel zu liefern. Es gab Tote auf beiden Seiten, die Communs wurden stark beschädigt. In den vergangenen Jahren wurden die Kolonnaden wieder hergestellt.

BUS **695,**
**X15** (Sa/So April bis Okt.)
**Halt: *Drachenhaus***

*Das Drachenhaus*

Am **Antikentempel**, heute Grabmal der letzten deutschen Kaiserin und anderer Hohenzollern, vorbei führt nun der Weg zu einem Parkausgang an der Maulbeerallee.

### 9 Das Drachenhaus

Nach Überqueren der Straße geht es bergan. Treppen erleichtern den Aufstieg zu einer Pagode ganz nach chinesischem Vorbild. Links hinter einer Mauer zeigt sich ein Weinberg. Die Pagode war dem Winzer als Wohnung zugewiesen. So verband Friedrich II. das Schöne mit dem Praktischen. Heute ist sie ein beliebtes Restaurant mit vielen schattigen Außenplätzen im Sommer.

### 10 Das Belvedere auf dem Klausberg

An der oberen Begrenzungsmauer des Weinbergs führt der Weg zum Belvedere auf dem Klausberg. Von dem Rundtempel aus ergeben sich sehr schöne Ausblicke auf den westlichen Teil des Parks. Wolken und Vögel auf dem Deckenbild verstärken den Eindruck, sich in luftiger Höhe aufzuhalten. 1772 fertiggestellt, ist das Belvedere das letzte Bauwerk, das Friedrich II. in Auftrag gab. Von hier aus konnte er sich vom Gelingen seines Lebenswerkes in Sanssouci überzeugen. In der Bibliothek des Königs fand man in einem Buch aus dem Jahr 1738 das Muster für den Bau: das Macellum des Nero in Rom. Das Belvedere wurde im

*Communs mit Kolonnade*

Zweiten Weltkrieg als einziger Schlossbau von Sanssouci schwer beschädigt. Erst seit wenigen Jahren steht der originalgetreue Nachbau.

### Abstecher: Das Schloss Lindstedt

Rund zehn Minuten Fußweg, an Kleingärten vorbei, sind es vom Belvedere zu der italienischen Villa. 1860 erbaut, sollte Schloss Lindstedt Alterssitz für König Friedrich Wilhelm IV. sein. Er konnte es allerdings nicht mehr beziehen. Das Haus ist von einem zauberhaften Garten umgeben. Das Schloss ist nur bei Veranstaltungen zugänglich, aber ein Gang durch den Garten lohnt allemal. ►

### 11 Lindenallee

Eine breite **Lindenallee** zieht sich auf dem Rücken einer Anhöhe vom Belvedere zum Orangerieschloss. Sie wurde erst 1902 angelegt und bildet eine markante Sichtachse zwischen den Bauten hoch über dem Park Sanssouci.

### Abstecher: Der Botanische Garten

Wenige Meter die Straße aufwärts kommt man zum Botanischen Garten der Universität Potsdam. Dazu gehörten das bereits 1844 angelegte **Paradeisgärtl** am Hang sowie die Gewächshäuser an der Maulbeerallee. Eine breite Auswahl biologisch interessanter Gewächse subtropischer und tropischer Gebiete findet sich hier. Fast 10.000 Pflanzenarten werden kultiviert. ►

**Belvedere auf dem Klausberg**
geöffnet im Rahmen von Sonderveranstaltungen

*Belvedere auf dem Klausberg*

**Botanischer Garten**
täglich geöffnet
April bis Sept.
9.30–17 Uhr
Okt. bis März
9.30–16 Uhr
Freilandanlagen ganzjährig ab 8 Uhr bis Sonnenuntergang
www.uni-potsdam.de/de/botanischer-garten

**BUS 695, X15** (Sa/So April bis Okt.)
**Halt: *Orangerie/ Botanischer Garten***

Das Orangerieschloss ist bis auf Weiteres wegen Sanierungsarbeiten im Rahmen des Masterplans für die preußischen Schlösser und Gärten geschlossen.

## 12 Das Orangerieschloss

Das Orangerieschloss gehört mit dem Neuen Palais zu den großen Bauwerken im Park Sanssouci. 1860 fertiggestellt, überflügelt es mit seinen 300 m Länge sogar noch das Neue Palais. Vor dem Mittelbau empfängt uns der Bauherr Friedrich Wilhelm IV. als Marmorstatue. Wir haben ihn bereits kennengelernt als Bauherrn der Friedenskirche und der Schlösser im Park Charlottenhof. Sie alle sprechen von der Italiensehnsucht des Königs, mal mit starken religiösen Zügen, mal mehr verspielt. Das Orangerieschloss aber stellt alles in den Schatten. Bei seinen Plänen hat der König vieles kopiert, was ihm an Italien so wichtig war – die Villa Medici in Rom, die Uffizien in Florenz und sogar die Sala Regia im Vatikan. Seine Baumeister hatten alle Mühe, die verschiedenen Elemente zu einem harmonischen Ganzen zu verbinden.

Die Flügel des Gebäudes sind im Sommer leer, im Winter aber vollgestellt mit subtropischen Kübelpflanzen aus dem Park. Die Figuren entlang der Seitenflügel stellen die zwölf Monate und die vier Jahreszeiten dar. Der Mittelbau aber ist ein richtiges Schloss. Hier befindet sich eine Gästewohnung, die der König speziell für seine Schwester einrichten ließ. Sie hieß Charlotte und war verheiratet mit dem russischen Zar Nikolaus I. In den fünf

*links: Statue von König Friedrich Wilhelm IV. vor dem Orangerieschloss*
*rechts: Reiterstandbild von Friedrich II., im Hintergrund das Orangerieschloss*

Raffaelsaal
Jubiläumsterrassen
Standbild Fr.- Wilhelms IV.
**Orangerieschloss**
Aussichtsplattform
Reiterstandbild Friedrichs II.
Winterdomizil der Kübelpflanzen
Krongut Bornstedt
Plastik Bogenschütze
**Orangerie/ Botanischer Garten**
Schloss Sanssouci
Maulbeerallee

Zimmern wurde – offenbar dem Geschmack der Gäste entsprechend – auf die Stilelemente des Rokoko mit viel Gold und Edelsteinen zurückgegriffen. Das Ergebnis ist eine kalte Pracht, die wenig vom Charme der friderizianischen Bauten besitzt. Schmuckstück des Orangerieschlosses ist der **Raffaelsaal**. In dieser zweistöckigen Galeriehalle hängen über 50 Kopien von Gemälden des Renaissancemalers Raffael (1483 – 1520), die junge Maler im preußischen Auftrag in Paris herstellten. Der Raffaelsaal dient gelegentlich als stilvolle Kulisse für Konzerte.

Über eine enge Wendeltreppe im Inneren des westlichen Turms der Orangerie gelangen die Besucher auf eine **Aussichtsplattform**. Von hier aus öffnet sich ein weiter Rundblick auf den Park und Potsdam, auch auf die Gartenanlagen vor dem Schloss mit ihren Wasserspielen und zahlreichen Plastiken. In der entgegengesetzten Richtung ist Bornstedt mit dem See, dem Krongut und dem Friedhof zu erkennen.

*„Bogenschütze" von Ernst Moritz Geyger (1861–1941)*

**Lesetipp: Claas Fischer, „Gehölze in Potsdam und Umgebung: Ein dendrologischer Führer durch 20 Parks und Gärten"**

Unter dem Motto „20 Gehölze in 20 Gärten" werden Gartenbereiche im Park Sanssouci, Park Babelsberg, im Neuen Garten mit Pfingstberg bis hin zum Schlosspark Klein-Glienicke und der Pfaueninsel präsentiert. 100 Seiten, 11,5 x 20 cm, viele Fotos und Übersichtskarten, 14,80 Euro.

*Ginkgo*

### ▶ Abstecher: Die Terrassen der Orangerie

Von der Aussichtsplattform des Orangerieschlosses fällt der Blick auf ein Reiterstandbild und auf die Plastik eines Bogenschützen. Der Abstecher dorthin lohnt sich, denn Sie haben von unten einen herrlichen Ausblick auf das gesamte Panorama des Orangerieschlosses. Breite Treppen führen über mehrere Terrassen hinab. Die unterste Terrasse, die **„Jubiläumsterrasse"**, wurde erst 1913 zum 25. Regierungsjubiläum von Kaiser Wilhelm II. angelegt. Der fotogene Bogenschütze ist eine Arbeit aus dem Jahr 1901. Und wem das Reiterstandbild Friedrichs II. bekannt vorkommt, der hat es Unter den Linden in Berlin schon einmal gesehen. Dort allerdings deutlich größer und aus Bronze. Im Park Sanssouci steht eine verkleinerte Nachbildung aus Marmor. ▶

### 13 Der Nordische Garten

Der Weg zum Endpunkt der Tour am Schloss Sanssouci führt durch den **Nordischen Garten**. Hier dominieren Nadelgehölze – Tannen, Fichten, Wacholder und zwei beeindruckende Ginkgobäume auf einem Aussichtsplateau über dem Nordischen Garten. Beenden Sie den zweiten Rundgang durch den Park Sanssouci mit einem Besuch der **Historischen Mühle** (siehe Seite 50).

# Die Nachbarn von Sanssouci

### Das Krongut Bornstedt

Was wie ein gut gepflegter Gutshof mit einem Hauch von Toskana aussieht, ist das Ergebnis jahrelanger Rekonstruktionsarbeiten. Gebäude, die Jahrzehnte als Lager oder Geräteschuppen dienten, wurden wieder in einen Zustand versetzt, der das einstige romantische Gesamtkunstwerk um 1860 gut erahnen lässt.

Vom Herrenhaus bis zum Kuhstall war für das Kronprinzenpaar Friedrich und Victoria alles für ein ländliches Leben vorhanden. Mit der Neuentdeckung dieses Kleinods haben sich allerdings die einzelnen Nutzungszwecke sehr verändert. Das Herrenhaus beherbergt heute u.a. Standesamt, Salons und das Restaurant Brauhaus. In die Ställe und Scheunen zogen die Hofbäckerei, Gutsläden, Restaurants und das Potsdamer Zinnfiguren Museum ein.

**Krongut Bornstedt**
Ribbeckstr. 6–7
www.krongut-bornstedt.de

**Tram 92**
**BUS 612, 614, 692, 697**
**Halt: *Kirschallee***
***ca. 10 min Fußweg***

**Zinnfiguren Museum Potsdam**
im Krongut Potsdam
Di–So 11–18 Uhr,
Eintritt frei

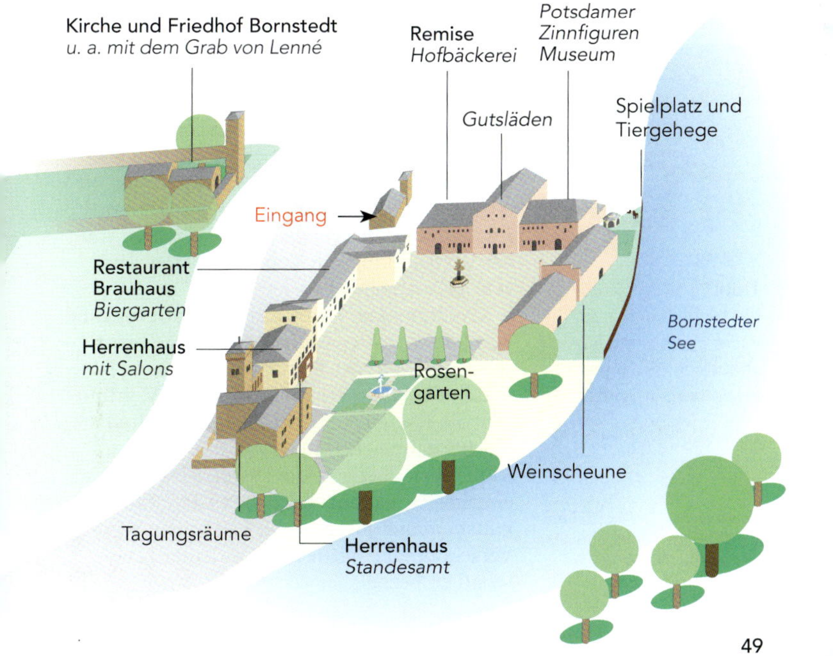

Kirche und Friedhof Bornstedt
*u. a. mit dem Grab von Lenné*
Remise
*Hofbäckerei*
*Potsdamer Zinnfiguren Museum*
*Gutsläden*
Spielplatz und Tiergehege
Eingang
Restaurant Brauhaus
*Biergarten*
Herrenhaus
*mit Salons*
Rosengarten
*Bornstedter See*
Weinscheune
Tagungsräume
Herrenhaus
*Standesamt*

## Die Mühle von Sanssouci

In Potsdam steht eine weltberühmte Mühle, fast so berühmt wie das Schloss nebenan: die Mühle von Sanssouci. Dieses Beieinander von höfischem Leben und profaner Arbeit verleiht Sanssouci den besonderen Reiz.

Die Mühle liefert den Stoff für eine berühmte Legende: Eines Tages sei das Geklapper der Mühle König Friedrich II. dermaßen auf die Nerven gefallen, dass er den Müller aufforderte, sich an anderer Stelle niederzulassen. Der Müller aber pochte auf seine Erbpacht und somit auf sein gutes Recht zum Bleiben. Das Gericht gab ihm Recht. Die Moral: In Preußen sind vor Justitia alle gleich.

Eine solche Legende ist viel zu schön, um wahr zu sein. Historiker haben herausgefunden, dass nicht der König sich gestört fühlte, sondern der Müller. Denn der Bau des Schlosses beeinträchtigte die Windverhältnisse erheblich. Schließlich war die damalige Mühle eine kleine märkische Bockwindmühle. Tatsächlich entschädigte der König den Müller und schenkte ihm eine an anderer Stelle. Die Mühle in der Nähe des Schlosses aber blieb stehen und wurde 1791 durch eine neue, viel größere – einen „Galerieholländer“ – ersetzt.

In den letzten Kriegstagen des Jahres 1945 brannte diese Mühle aus und stand für Jahrzehnte nur noch als Stumpf auf dem Hügel. Mühlenfreunde in ganz Deutschland trugen dazu bei, dass sie fast originalgetreu wieder aufgebaut werden konnte. Mehr noch: Sie erhielt wieder ein funktionierendes Mahlwerk. Ausstellungstafeln in der Mühle erzählen von der Verwandlung von Getreide in Mehl und vom Leben der Müller.

Anzumerken bleibt, dass Potsdam vor rund 200 Jahren fast 40 Mühlen besaß. Sie verschwanden mit der Einführung der Dampfmaschine. König Friedrich Wilhelm IV. gründete die Königliche Dampfmahlmühle und brachte zahlreiche Müller um ihre Existenz. Schließlich überlebte die Historische Mühle als einzige. Zu verdanken hat sie es dem Gartenkünstler Peter Joseph Lenné, der sie in seine Verschönerungspläne der Potsdamer Landschaft einbezog.

**Historische Mühle**
April bis Okt.
täglich 10–18 Uhr
Nov. bis März
Sa, So 10–16 Uhr
Dez. geschlossen

**Tipp:**
Kleine Mühlenkunde, voller Fakten und Illustrationen, erschienen im Verlag terra press

*Fotos rechts: Holländisches Viertel, in der Brandenburger Straße, Nikolai-Kirche hinter dem Landtag*

Giebelhäuser, Innenhöfe, Cafés und kleine Läden

# Die historische Innenstadt

*Die Erkundung der Potsdamer Innenstadt ist in zwei Touren aufgeteilt. Planen Sie für jede Tour rund zwei Stunden ein. Unterwegs gibt es viele Gelegenheiten für eine Rast: Cafés, Restaurants oder Imbiss-Buden.*

**Tour 3** beginnt am Potsdamer Hauptbahnhof und führt in den ältesten Teil der Potsdamer Innenstadt, in den Schlossbezirk und zu den Prachtbauten der Residenz. Hier erleben wir das Potsdam Friedrichs des Großen. Auf der Tour wird die Fantasie in besonderem Maße gefragt sein, um vor dem geistigen Auge ein Potsdam wiederauferstehen zu lassen, das in einer April-Nacht des Jahres 1945 durch englische Bomben und spätere Bausünden untergegangen ist.

**Tour 4** Wir beginnen auf der Freundschaftsinsel mit ihrem sehenswerten Stauden-und-Plastiken-Garten und kommen zum ältesten Siedlungskern. Dann tauchen wir ein in die „zweite barocke Stadterweiterung". Sie brachte zwei Bauensembles hervor, die wie die Verkörperung alter preußischer Tugenden erscheinen: exakt ausgerichtet, sparsam und schmucklos erbaut, nur dem Zweck verpflichtet, Handwerkern und Soldaten eine Unterkunft zu geben. Das „gelbe" Viertel ist die Aneinanderreihung von regionaltypischen Fachwerkhäusern, das „rote" ist das aus Ziegeln errichtete Holländische Viertel. In diesen Quartieren hat sich eine lebendige Innenstadt mit vielen kleinen Läden, Restaurants und Cafés erhalten.
**Extra:** Eine Begegnung mit den zahlreichen Kultur- und Gewerbeeinrichtungen im Quartier „Schiffbauergasse".

## Tour 3: Auf den Spuren der Residenzstadt

ca. 2 Stunden

Tram BUS **alle Linien Richtung Innenstadt Halt: *Lange Brücke, Alter Markt/Landtag***

*Fotos oben: Kutschstall-Portal, Blick auf den Landtag, im Hintergrund die Kuppel der Nikolaikirche*

**Weisse Flotte Potsdam GmbH** 

**Tourist Information am Alten Markt**
Humboldtstraße 1–2

Information und Vermittlung von Unterkünften, Tickets, Rundgängen/Rundfahrten und Souvenirs
Service Center:
(0331) 27 55 88 99
potsdamtourismus.de

### 1 Die Lange Brücke

Die Lange Brücke zwischen dem Potsdamer Hauptbahnhof und der Stadt bietet Gelegenheit zur ersten Bekanntschaft: das Kupferdach des Landtagsgebäudes, die Kuppel der Nikolaikirche, die Atlas-Figur auf dem Alten Rathaus, ein Hotelturm... Dort schlägt das Herz der Stadt. Viele verschiedene Brücken hat die Havel in den vergangenen Jahrhunderten hier erlebt – aus Holz, aus Stein, aus Stahl. Und verschiedene Bauwerke standen am Nordufer des Flusses: eine mittelalterliche Burg, ein Schloss nach holländischem Vorbild, dann ein größeres, diesmal nach französischem Muster. Nach 1945 leere Mauern, gelegentlich ein Zirkuszelt und nun wieder Schloss. Der Weg über die Brücke führt geradewegs dorthin.

### 2 Die Humboldtstraße

Noch vor wenigen Jahren befand sich hier die große Brache, die nach dem Verlust des Stadtschlosses entstanden war. Mit der Errichtung des brandenburgischen Landtages in der Hülle des einstigen Schlosses entstand auch die Humboldtstraße wieder. Anstelle des einstigen Palast-Hotels steht ein moderner Bau mit Gastronomie. Nebenan wurden Gebäude aus friderizianischer Zeit nachgebaut. Hier befindet sich eine Potsdamer **Tourist-Information**.

## Das Potsdamer Stadtschloss

Da hat Friedrich der Große seine Potsdamer Residenz nach allen Regeln der Kunst ausgeschmückt: mit einem Residenzschloss in der Stadtmitte und einem privaten Schlösschen jenseits der Stadtmauern. Seinem Baumeister Knobelsdorff hat er Handskizzen vorgelegt, auf deren Basis zwischen 1745 und 1755 architektonische Kunstwerke entstanden. Die Nachwelt aber zeigte sich ungerecht. Während das große, prachtvolle Stadtschloss bei den Besuchern, die bis 1945 nach Potsdam kamen, nur am Rande wahrgenommen wurde, strömten alle zum kleinen Schloss Sanssouci.

Am 14. April 1945 wurde die Potsdamer Innenstadt bombardiert, das Stadtschloss brannte aus. Während der Lustgarten rasch zum Polizeisportplatz umgestaltet wurde, prägte die Schlossruine 15 Jahre lang die Stadtmitte. 1959 kamen die Sprengkommandos. Der Bau machte einer autofreundlichen Verkehrsführung Platz. Zugleich wurde das preußische Erbe „entsorgt". Ende der 1980er-Jahre erschreckte hier der Betonkern eines Theaterneubaus die Potsdamer. Bevor dieser eine ansehnliche Außenhaut bekommen konnte, war der Sozialismus am Ende. Der Klotz wurde für den möglichen Wiederaufbau des Stadtschlosses geschliffen.

Lange wurde darüber gestritten, wann, wie und vor allem mit wessen Geld der Wiederaufbau erfolgen sollte. Mit Sponsorenhilfe wurde 2002 das Fortunaportal wieder errichtet. Es sollte zur Initialzündung für den Wiederaufbau des Schlosses werden. 2006 beschlossen die Landesparlamentarier, ihren Sitz in ein wieder aufzubauendes Stadtschloss zu verlagern. Damit war ein Bauherr gefunden. Ein moderner Bau „in der Kubatur des Stadtschlosses" war damals die Devise. Bis der Software-Milliardär Hasso Plattner auf den Plan trat und 20 Millionen Euro spendete, um den Bau in historischer Fassade zu ermöglichen. Auch erhaltene Original-Bruchstücke sollten eingearbeitet werden. Dank einer zweiten Spende Plattners wurde auch die Wiederherstellung des Kupferdachs möglich. 2014 zogen die Abgeordneten des Brandenburger Landtages in ihr neues Domizil ein.

*Foto: Subtile Botschaft am Landtag – „Dies ist kein Schloss."*

*Goldig in Sichtweite: die Fortuna auf dem nach ihr benannten Schloss-Portal und die Atlas-Figur, deren Vorgänger aus Blei 1776 herabstürzte, wobei zum Glück kein Mensch zu Schaden kam.*

**Tram BUS alle Linien Richtung Innenstadt Halt: *Alter Markt/ Landtag***

**Nikolaikirche**
Mo–Sa 9.30–18 Uhr
So 11–18 Uhr

**Altes Rathaus**
Potsdam Museum – Forum für Kunst und Geschichte
Dauerausstellung „POTSDAM. Eine Stadt macht Geschichte."
Di–So 10–18 Uhr

## 3 Der Alte Markt

Der Alte Markt war im Alten Potsdam zugleich Marktplatz, also auch die „Gute Stube" der Stadt. Nur wenige Meter entfernt befanden sich das königliche Schloss mit dem der Stadt zugewandten Eingang, dem Fortunaportal. Hier stehen in trauter Gemeinsamkeit die wichtigste städtische Kirche und das Rathaus. In den Zugangsstraßen fügten sich Häuser mit meist prächtigen Fassaden an. Das Ensemble geht auf Vorgaben Friedrichs II. zurück.

Der zentrale Punkt des Alten Marktes ist der **Obelisk** mit den Medaillons der Baumeister, die Potsdam entscheidend geprägt haben. Schließen Sie die Augen und stellen Sie sich die Marktstände vor, an denen vor 100 Jahren die Potsdamer Hausfrauen einkauften – Brot, Fleisch, Gemüse ... Damals kam noch quietschend eine Straßenbahn um die Ecke.

Nach dem Abriss von Zweckbauten aus DDR-Tagen entsteht derzeit zwischen der Nikolaikirche und der Friedrich-Ebert-Straße auf ursprünglichen Grundrissen das Stadtquartier „Block III" mit einer Mischung aus Nachbauten von Fassaden aus der Zeit Friedrichs II. und modernen Gebäuden. An der Ecke Schloßstraße/ Friedrich-Ebert-Straße ist der „Plögersche Gasthof" wiedererstanden, in dem u.a. Johann Wolfgang von Goethe 1778 übernachtete. Ab 1819 beherbergte das Gebäude die örtliche Kommandantur.

Ein Stück weiter entlang der Friedrich-Ebert-Straße schließt der „Block III" mit einer weiteren historischen Ecke des bekannten „8-Ecken-Hauses" ab. Damit stehen wieder sechs der ursprünglich acht Ecken des einen Kreis ergebenden Ensembles.

Die riesige **Nikolaikirche** gehört zu den Höhepunkten des deutschen Klassizismus und zu den Hauptwerken von Karl Friedrich Schinkel. 1837 wurde sie geweiht, aber erst seit 1850 bestimmt ihre gewaltige Kuppel die Silhouette Potsdams. In 42 Metern Höhe zieht sich eine **Aussichtsplattform** um die Kuppel, von der sich ein fantastischer Blick über die Potsdamer Innenstadt bietet. Während des Aufstiegs zeigt sich der Innenraum der Kirche mit den zwölf Aposteln in voller Schönheit.

## Die Nikolaikirche

Es soll auch in den besten Familien vorkommen, dass sich Vater und Sohn nicht einig sind. Zumal dann, wenn Geld im Spiel ist. Das war auch der Fall, als in Potsdam die 1795 abgebrannte Stadtkirche St. Nikolai wieder aufgebaut werden sollte. Immerhin hinterließ die Ruine, von der nur der steinerne Vorbau übrig war, eine hässliche Lücke direkt gegenüber dem Stadtschloss. Es musste etwas geschehen. Da waren sich der König Friedrich Wilhelm III. und sein Kronprinz einig. Doch schnell hörte die Übereinstimmung wieder auf. Der nicht gerade als spendabel bekannte König wollte eine einfache Kirche mit zwei schlanken Türmen. Der Sohn aber einen riesigen Kuppelbau.

1826 verfügte der König den Bau einer neuen Kirche. Zunächst galt es zu klären, ob es ein traditionelles Gotteshaus mit Kirchenschiff und Turm sein soll, oder ob Potsdam eine neue Dominante erhält. Der an Architektur stark interessierte Kronprinz legte Ideenskizzen vor, die einen Zentralbau mit hoher Kuppel zeigten. Auf dieser Grundlage erarbeitete Schinkel Entwürfe im klassizistischen Stil. Die Bauarbeiten begannen 1830. Die vom König bewilligten Mittel reichten jedoch nur für eine Basilika mit Flachdach, ohne Kuppel. 1837 wurde die halbfertige Kirche feierlich eingeweiht.

Das Jahr 1843: Der alte König war drei Jahre zuvor und Schinkel zwei Jahre zuvor gestorben, da erteilte Friedrich Wilhelm IV. den Auftrag, die Nikolaikirche nach Schinkels ursprünglichem Entwurf weiterzubauen. Schinkel-Schüler Persius übernahm die Bauaufsicht. Da sich bereits in der ersten Bauphase Risse im Gemäuer gezeigt hatten, wurde die gesamte Statik überprüft. Persius verpasste den Gewölben eine neue Verankerung und ließ vier Ecktürme anbauen. Für die Rippenkonstruktion der äußeren Kuppel lieferte die Eisengießerei Borsig die gusseisernen Teile, die auf Rollen gelagert wurden. Für das Innengewölbe ließ er besonders leichte Ziegel kommen und Sandsteinquader aufbohren, um sie leichter zu machen. Am 24. Mai 1850 wurde die Nikolaikirche ein zweites Mal eingeweiht. Diesmal mit einer Kuppel von 24 Metern Durchmesser und einer Höhe von 13 Metern. Insgesamt erreicht das Kirchengebäude eine Höhe von 77 Metern. Sie gilt, auch wenn der Baumeister die Vollendung nicht erlebt hat, als ein Hauptwerk Schinkels.

### Der Alte Markt

*Bronzeplastik „Jahrhundertschritt" im Innenhof des Museums Barberini*

Das **Alte Rathaus.** Es wurde vom niederländischen Architekten Jan Bouman im Stil eines italienischen Palazzo errichtet und 1755 mit einer goldenen Atlas-Figur gekrönt. Nach umfangreichen Umbauten beherbergt das Alte Rathaus mit dem benachbarten „Knobelsdorff-Haus" (einem vom Sanssouci-Erbauer errichteten Bürgerhaus) das **Potsdam Museum** – Forum für Kunst und Geschichte. Die Dauerausstellung „Potsdam – eine Stadt macht Geschichte" wird durch Sonderschauen ergänzt.

Das **Fortunaportal.** Es entstand 1701 aus Anlass der Erhebung Preußens zum Königreich. Als Triumphbogen verband es das Stadtschloss mit der Stadt. Es wurde in den 1960er-Jahren mit den Kriegsruinen des Schlosses gesprengt. Spenden ermöglichten 2001 einen Nachbau. Nachdem das Portal zehn Jahre lang allein die Idee vom Schlossneubau wachhielt, ist es nun wieder integraler Bestandteil des Nachfolgebaus.

Das **Palais Barberini.** Typisch für das friderizianische Potsdam waren Palastimitationen. Hinter aufwendigen Fassaden mit oft italienischem Vorbild verbargen sich simple Bürgerhäuser. So auch im 1771/72 erbauten Palais Barberini, das direkt an den Alten Markt grenzt und das seinen Namen vom Vorbildbau in Rom hat. Das Haus wurde 1945 zerstört und vor wenigen Jahren als Gemäldegalerie wiedererrichtet. Das **Museum Barberini** vom SAP-Gründer Hasso Plattner zeigt hochkarätige Ausstellungen von Werken aus verschiedenen Sammlungen. Auch die angrenzenden Gebäude entstanden neu: außen Rokoko, innen moderne Eigentumswohnungen.

**Museum Barberini** ♿
tägl. 10–19 Uhr,
Di geschlossen
jeden 1. Do im Monat 10–21 Uhr
An bestimmten Tagen kann das Museum aufgrund von Ausstellungsaufbau geschlossen sein.
www.museum-barberini.de

## 4 Der Landtag

Bis auf geringe Details präsentiert sich der Landtag in der Hülle des einstigen Stadtschlosses der Hohenzollern in Potsdam, nach

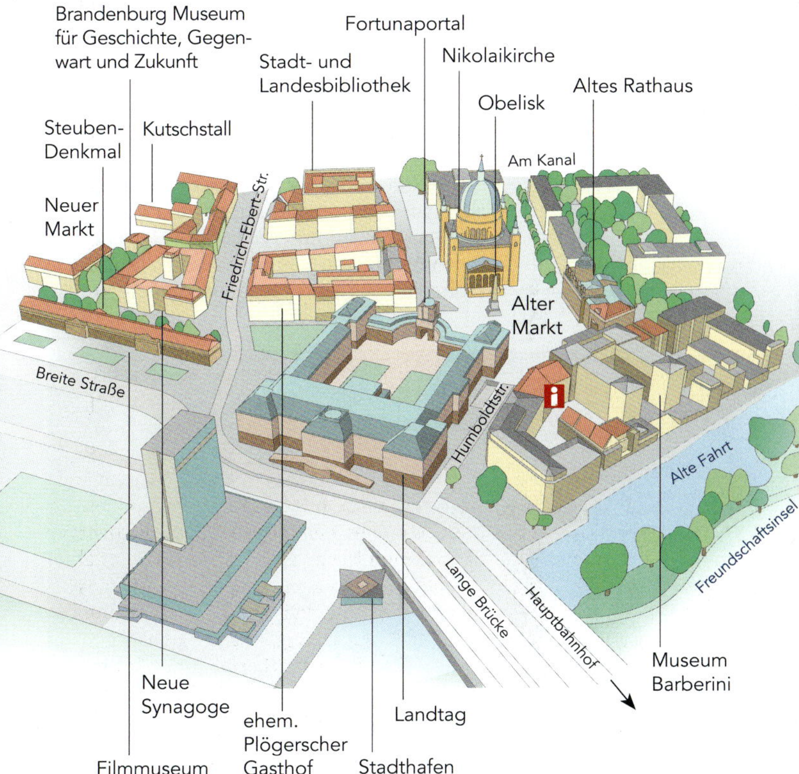

Berlin ihre zweite Residenzstadt. Hier regierte der berühmte „Soldatenkönig" und sein noch berühmterer Sohn Friedrich II., „der Große". Letzterer ließ das Gebäude allerdings kräftig umbauen, aufstocken und repräsentativer herrichten, bevor er einzog. Sogar ein Theater ließ er einbauen. Die Front beherbergte das „Corps de logis" mit den Prunkräumen. Die vierspurige Straße und die Tram-Trasse trennen jedoch seit den 1960er-Jahren das Schlossareal und den Lustgarten. Seit der Zeit des „Soldatenkönigs" war dies allerdings weniger ein Ort der Erholung und des Vergnügens, sondern vielmehr ein riesiger Exerzierplatz mitten in der Stadt. Hier entstand im Zuge der Bundesgartenschau von 2001 der **Neue Lustgarten**. Dort finden sich einige Fundstücke aus den zerstörten Anlagen, so die Ringerkolonnaden und Reste des Neptunbrunnens.

**Corps de logis:** *Haupttrakt eines Schlosses bzw. Stadtpalais. Er ist durch Größe und Schmuck hervorgehoben; hier befinden sich die Repräsentationsräume.*

Am westlichen Seitenflügel des Gebäudes sehen wir in goldenen Lettern angebracht die Aufschrift: „Ceci n'est pas un château" – „dies ist kein Schloss". Danke für den Hinweis, denn die Täuschung scheint perfekt. Selbst die kleine Treppe, die sich der „Soldatenkönig" anlegen ließ, um von seinen Gemächern direkten Weges auf den Exerzierplatz zu kommen, ist da. Und dennoch: Im Inneren hat das Haus denkbar wenig mit dem Königsschloss zu tun: Die Architekten des Neubaus meisterten die Aufga-

**Brandenburger Landtag**
www.landtag.brandenburg.de
Anmeldung für Besucher:
Tel. (0331) 966 12 60
besucherservice@landtag.brandenburg.de

*Der Plenarsaal des brandenburgischen Landtages*

be, ausreichend Arbeitsräume für die Abgeordneten, Fraktionssäle und einen Plenarsaal samt Besucher- und Presse-Tribünen mit modernster technischer Ausstattung zu schaffen. Letzterer ist in edlem Weiß/Rot (den Farben Brandenburgs) gehalten.

Der Zugang zum Landtag erfolgt durch das **Fortunaportal** am Alten Markt und über den Innenhof des Gebäudes. Der Landtagsinnenhof, das Knobelsdorff-Treppenhaus, das Foyer mit einem interaktiven Gebäudemodell und einer Cafeteria sowie das Landtagsrestaurant und die Dachterrasse sind montags bis freitags ohne Voranmeldung öffentlich zugänglich. Einzelbesucher können die Sitzungen des Landtages von der Besuchertribüne des Plenarsaals verfolgen. Eine rechtzeitige Platzreservierung ist notwendig. Am Plenartag selbst erfolgt der Einlass für nicht vorangemeldete Besucher nur nach Maßgabe freier Plätze.

*Das knobelsdorffsche Treppenhaus im Landtag*

**Denkwürdiger Ort: Das Steuben-Denkmal**

Der Held des amerikanischen Unabhängigkeitskrieges war ein Leutnant im Heer Friedrichs II. Nach dem Siebenjährigen Krieg wanderte er nach Amerika aus und kämpfte an der Seite George Washingtons. Er trug sich mit dem Gedanken, Prinz Heinrich, einem Bruder Friedrich II., die amerikanische Königskrone anzubieten. Die New Yorker ehren Steuben alljährlich mit einer Parade. 1911 bekam Potsdam vom USA-Kongress ein Steuben-Denkmal geschenkt, das seinen Platz in der Nähe des jetzigen Standortes erhielt. Nach dem Zweiten Weltkrieg wurde es eingeschmolzen. 2005 bekam Potsdam das Denkmal zum zweiten Mal geschenkt – diesmal als Nachbildung.

## 5 Der Marstall

Unweit der Westfassade des Landtages, jenseits der Friedrich-Ebert-Straße, befindet sich der einzige weitgehend im Original erhaltene Teil des einstigen Schlosskomplexes. 1685 als Orangerie erbaut, wurde er unter dem „Soldatenkönig“ als Pferdestall – „Marstall“ – umfunktioniert und 1746 auf doppelte Länge erweitert. Die Reiterstatuen über den Portalen lassen an der damaligen Bestimmung des Gebäudes kei-

BUS **580, 605, 638, 695, X5, X15** (nicht ganzjährig)
**Halt:** ***Schloßstr.***

**Marstall:** *Gebäude zur Unterbringung von Pferden, Wagen und Geschirr an Fürstenhöfen*

nen Zweifel. Der über 340 Jahre alte Bau dient seit 1981 als **Filmmuseum Potsdam**. In einer ständigen Ausstellung dokumentiert es die 100-jährige Geschichte der Filmproduktion in Potsdam-Babelsberg. Kameras und Vorführgeräte aus der Frühzeit des Films sind zu sehen, Filmplakate, Kostüme und Requisiten aus Filmen, die Geschichte schrieben, und vieles andere mehr. Oftmals spektakuläre Sonderausstellungen beleuchten Aspekte des deutschen und internationalen Films.

Im Museum befindet sich ein Studiokino. Präsentiert wird hier Filmkunst von gestern und heute. Das Kino verfügt über eine funktionsfähige Welte-Orgel. Es ist ein historisches Instrument, mit dem Stummfilme musikalisch begleitet wurden und heute noch werden.

Eine in die Erde eingelassene Platte erinnert an den ursprünglichen Standort eines Denkmals für Friedrich Wilhelm von Steuben, einen Helden des amerikanischen Unabhängigkeitskampfes. Die Erkundungstour erreicht nun die **Rückseite des Marstalls**. Hier erst zeigt sich, dass er aus zwei Baukörpern aus unterschiedlichen Stilepochen besteht. Ein paar Schritte weiter stoßen wir auf den Nachguss des Denkmals für Friedrich Wilhelm von Steuben. Die hier einmündende kurze, mit Bäumen bestandene, Straße führt am reich verzierten Kabinetthaus vorbei zum Neuen Markt.

**Filmmuseum Potsdam**
Di–So 10–18 Uhr

## Die Neue Synagoge

Seit 2024 besitzt Potsdam eine neue Synagoge. Die vier jüdischen Gemeinden der Stadt haben damit ein religiöses und kulturelles Zentrum. Die Zerstörung der Vorgänger-Synagoge am Wilhelmplatz geschah innerhalb kurzer Zeit: 1938 ließen sie die Nazis in der Pogromnacht vom 9. November völlig ausbrennen, 1945 fielen die Außenmauern der Bombardierung der Stadt zum Opfer, und in den 1950er-Jahren wurden letzte Reste beseitigt, um Platz für eine Neubebauung mit Wohnungen zu schaffen. Bis zur Einweihung des neuen Gotteshauses am neuen Ort mussten 82 Jahre vergehen. Viele Schwierigkeiten waren dafür zu überwinden.

Als ein hässlicher Plattenbau beseitigt war, ergab sich ein passendes Grundstück im historischen Zentrum Potsdams. Das neue Gebäude ist Bestandteil der Neubebauung im Umfeld des Neuen Marktes. Der architektonische Entwurf ging aus einer europaweiten Ausschreibung hervor, bei der sich ein Berliner Architektenbüro durchsetzte. Bevor die Bauarbeiten beginnen konnten, kam es allerdings zu mehreren Spaltungen der jüdischen Gemeinschaft und zu erbitterten Auseinandersetzungen um ästhetische und religiöse Aspekte des Gebäudes. Das ganze Projekt lag dadurch jahrelang auf Eis.

Erst ein Kompromiss machte es möglich, dass die Arbeiten beginnen konnten. Er bestand darin, dass für die Begleitung des Planungs- und Bauprozesses die Zentralwohlfahrtsstelle der Juden in Deutschland e.V. (ZWST) zuständig war. Sie ist auch in den ersten drei Jahren die Trägerin des Zentrums. Danach übernimmt der Landesverband der jüdischen Gemeinden Land Brandenburg das Synagogen- und Gemeindezentrum als Träger. Er entscheidet über die Vergabe der Räumlichkeiten, die Strukturierung des Angebotes und stellt sicher, dass alle Menschen jüdischen Glaubens die Synagoge nutzen können.

Die Synagoge soll – bei allen erforderlichen Sicherheitsstandards – ein offenes Haus sein. Ein zweigeschossiger Rundbogen markiert den Haupteingang. Im Erdgeschoss gibt es ein Café. Das religiöse Zentrum befindet sich im 1. Obergeschoss: Hier liegt der Synagogenraum, der von außen durch sieben Rundbogenfenster betont wird. Nach außen wirkt das Haus kubisch und sachlich, im Innern gibt es aber geschwungene Wände und Decken.

*Am Neuen Markt*

**Brandenburg Museum für Geschichte, Gegenwart und Zukunft**
Di, Mi, Fr–So
10–18 Uhr
Do 11–20 Uhr
gesellschaft-kultur-geschichte.de/brandenburg-museum

## 6 Der Neue Markt

Abseits der großen Straßen gelegen, nimmt man diesen Platz erst wahr, wenn man auf ihm steht. Rund um die Ratswaage schmiegen sich Häuser aus dem 18. und 19. Jahrhundert aneinander und bilden ein stimmungsvolles Ensemble: das Forum Neuer Markt, Quartier für eine Reihe von wissenschaftlichen und kulturellen Einrichtungen. Das Haus Nr. 5 ist ein Neubau, der mit dem Kulissencharakter friderizianischer Bauten spielt. Auf der Mitte des Platzes steht das frühere **Wiegehaus**, dessen technische Einrichtungen zum Teil noch vorhanden sind. Heute dient es als Restaurant.

Das markanteste Gebäude am Platz ist der königliche **Kutschstall** aus dem Jahr 1787. Über dem Portal spielt sich eine in Stein gehauene lebhafte Szene ab: Ein Kutscher treibt drei Pferde zu höchster Eile an. Es ist ein Abbild von Johann G. Pfund, des Leibkutschers von Friedrich II. (siehe Foto S. 54). Hier und in einem modernen Anbau hat das **Brandenburg Museum für Geschichte, Gegenwart und Zukunft** sein Domizil. Das Museum bietet eine Zeitreise durch zehn Jahrhunderte Geschichte der Region und Sonderausstellungen.

*Brockesches Haus*

Stadtkanal: siehe auch Seite 76

## 7 Der Stadtkanal

Als Potsdam auf Geheiß des „Soldatenkönigs" im 18. Jahrhundert ausgedehnt wurde, entstand aus einem kleinen Entwässerungsgraben ein ansehnlicher Kanal, auf dem – wie auf holländischen Grachten – Schiffe Baumaterial heranschaffen konnten. Die Straßen entlang des Kanals gehörten zu den besten Adressen Potsdams. Der Stadtkanal verlor nach und nach seine Funktion. Er verschmutzte und wurde zugeschüttet.

Inzwischen haben die Potsdamer den Reiz des Kanals wiederentdeckt und an zwei Stellen wieder ausgegraben. Zum einen ein längerer Abschnitt entlang der Yorckstraße, zum anderen ein kleines Stück am östlichen Ende der Straße am Kanal. Im Haus Yorckstraße 7 wurde der Zoologe und Philosoph Ernst Haeckel (1834 – 1919) geboren. Er verbreitete die Lehren Darwins in Deutschland. Das Haus Yorckstraße 18, das sogenannte Brockesche Haus, beherbergte einst die preußische Oberrechnungskammer.

### Abstecher: Die Plantage

Der Weg am Kanal entlang führt zu einer Grünfläche, der Plantage. Hier steht die **Nachbildung des Glockenspiels** der Garnisonkirche, das zu jeder halben Stunde, so wie einst das Original, erklingt. Dort, wo der wieder ausgegrabene Kanal heute endet, bog er früher nach links in Richtung Havel ab. ►

*Nachbau des Glockenspiels der Garnisonkirche*
*links: Wieder ausgegrabener Stadtkanal an der Yorckstraße*

### 8 Die Wilhelm-Staab-Straße

Der Rundgang überquert die Fußgängerbrücke über den Stadtkanal in die Wilhelm-Staab-Straße. Sie zeigt eine geschlossene Bebauung, die allerdings auf den Ruinen des alten Potsdam in den 1950er-Jahren nach alten Plänen neu entstand. Es hieß damals, es sei die „erste sozialistische Barockstraße“. Das Pflaster stammt noch aus der ursprünglichen Bebauung. Hinter einer der Fassaden verbirgt sich Potsdams Konzerthaus – der Nikolaisaal. In altem Gemäuer befindet sich eine moderne Spielstätte für Musik aller Genres.

**Nikolaisaal**
Wilhelm-Staab-Str. 10–11

**Tram BUS alle Linien Richtung Innenstadt**
**Halt: *Platz der Einheit***

*Nikolaisaal mit historischer Fassade und modernem Innenleben*

*Alte Wache*

*Das Treppenhaus des Waisenhauses kann besichtigt werden.*

*Das Naturkundemuseum, im Hintergrund das ehemalige Militärwaisenhaus*

## 9 Die Charlottenstraße

Die Wilhelm-Staab-Straße führt zur Charlottenstraße. Ein Jahrzehnt war hier die Potsdamer Stadtgrenze, bevor der „Soldatenkönig" die zweite Stadterweiterung befahl. Die Bebauung, größtenteils im sogenannten Potsdamer Zopfstil, stammt aus der Zeit Friedrichs II. Die Breite der Straße mit ihren Straßenbahngleisen lassen hier jedoch kaum einen besinnlichen Eindruck entstehen. Daher folgen wir ihr in westlicher Richtung nur bis zur **Alten Wache**. Der frühklassizistische Bau aus dem Jahr 1797 war ein Geschenk des Königs Friedrich Wilhelm II. an „sein" ehemaliges Regiment, hatte also keine militärische Bedeutung. Heute ist es eine Bankfiliale. Hier kreuzt die Lindenstraße die Charlottenstraße.

## 10 Das Große Militärwaisenhaus

Die historische Bebauung entlang der **Lindenstraße** zeigt, wie im alten Potsdam das Einfache und das Pompöse direkt nebeneinander standen. Der langgestreckte, schmucklose Bau in der mit Zierkirschen bestandenen Straße diente einst als Kaserne. Gegenüber erhebt sich der Hauptbau des Militärwaisenhauses, gut zu erkennen am tempelartigen Dachaufbau, dem **„Monopteros"** mit der Caritas-Figur. Erst vor Kurzem erhielt die Potsdamer Stadtsilhouette dieses im Krieg zerstörte Bauwerk zurück. Sehenswert ist das **Treppenhaus**. Zu den regulären Öffnungszeiten der dortigen Verwaltung ist es frei zugänglich.

Das Große Militärwaisenhaus zu Potsdam ist ein Gebäudekomplex, dessen Ausmaße die des Stadtschlosses weit übertreffen. Die Gründung geht auf den „Soldatenkönig" zurück, der damit ein gottgefälliges Werk tun wollte. Die heutige Größe erhielt der Komplex erst zur Zeit Friedrichs II., als drei Kriege für eine große Zahl

an Waisenkindern sorgten. Bis zu 4.000 Kinder wohnten hier, erhielten eine Schulausbildung, wurden aber auch als billige Arbeitskräfte ausgenutzt. In ihren Schuluniformen gehörten die Waisenkinder zum Potsdamer Stadtbild.

**Waisenhausmuseum Potsdam**
Auf Anmeldung zugänglich: Tel. (0331) 28 14 66

## 11 Am Neustädter Tor

Am Ende der Lindenstraße erreichen wir die Breite Straße. Das Eckhaus, ein grünes Palais, beherbergt die **naturwissenschaftliche Abteilung des Potsdam Museums**. Das Highlight ist ein Aquarium, in dem gezeigt wird, wie es unterhalb der Wasseroberfläche der Havel zugeht. In der anderen Richtung fällt vor Häusern aus jüngerer Zeit ein scheinbar altägyptischer **Obelisk** auf. Wie andere Obelisken in der Stadt auch, ist er eine Nachbildung und bildete mit einer – nicht mehr erhaltenen – zweiten Steinsäule das Neustädter Tor. Hier endete einst die Breite Straße. Bis in die 1960er-Jahre erstreckte sich die Havelbucht bis zu der Stelle, an der inzwischen ein Einkaufscenter steht.

Dort, wo sich heute zwei breite Straßen kreuzen, befand sich im alten Potsdam die schönste Brücke der Stadt: die Breite Brücke über den Stadtkanal. Friedrich II. ließ sie 1765 in Stein errichten, nachdem eine hölzerne Vorgängerin nicht mehr ausreichte. Auf der Brücke standen sechs steinerne Laternenträger, geschaffen von den Gebrüdern Räntz. Sie schufen auch die Statue der sitzenden Wilhelmine am Freundschaftstempel im Park Sanssouci.

Weiter geht es auf der anderen Seite der Breiten Straße. Eine Ampel hilft bei der gefahrlosen Überquerung dieser vielbefahrenen Straße.

**BUS 695**
**Halt: *Naturkundemuseum***

**Naturkundemuseum**
Breite Straße 13
Di–So 9–17 Uhr und jeden 1. Mo im Monat mit ermäßigtem Eintritt

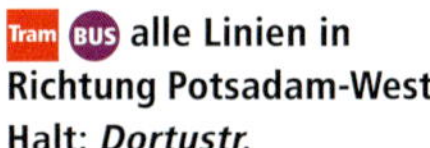

**Tram BUS alle Linien in Richtung Potsadam-West**
**Halt: *Dortustr.***

*Historische Aufnahme der Breiten Brücke (links im Hintergrund die Gewehrfabrik, rechts die Hiller-Brandtschen Häuser)*

## Die Obelisken von Potsdam

Wer sich in Potsdam umsieht, wird staunen, wie viele Obelisken das Stadtbild zieren. Drei von den heute noch vorhandenen steinernen Pfeiler wurden unter Friedrichs II. errichtet. Das war zu jener Zeit, als Potsdam von einer nüchternen Soldatenstadt zu einer respektablen Residenzstadt umgebaut wurde. Da war der Rückgriff auf die Machtsymbole der alten Ägypter sehr willkommen. Denn bei ihnen galten die aus einem Stück gehauenen Säulen als steingewordene Strahlen des Sonnengottes. Sie stellten die Verbindung zwischen der irdischen und der Welt der Götter her. Zugleich markierten sie die Grenzen des jeweiligen Tempelbezirks.

Es war der Schöpfer von Schloss Sanssouci, Georg Wenzeslaus von Knobelsdorff, der insgesamt vier Obelisken in die Potsdamer Landschaft stellte. Drei davon sind noch vorhanden: der 1755 fertiggestellte auf dem Alten Markt; einer von ursprünglich zwei, die das Neustädter Tor (am Ende der Breiten Straße) markierten, und einer, erbaut als erster von allen 1748 am Beginn der Hauptallee durch den Park Sanssouci. Dieser Parkeingang wird daher „Obeliskportal" genannt. Die Steinsäule ist mit Schriftzeichen versehen, die unverkennbar Hieroglyphen darstellen. Einen Sinn ergeben sie allerdings nicht, denn die Schriftzeichen der alten Ägypter konnten erst ab 1822 vom französischen Sprachwissenschaftler Jean-Francois Champillion übersetzt werden. So erfolgte die Auswahl dieser Zeichen nach rein ästhetischen Kriterien.

Der prächtigste der Potsdamer Obelisken steht auf dem Alten Markt. Der 16 Meter hohe Marmorpfeiler mit quadratischem Grundriss entstand etwa zur gleichen Zeit wie der Umbau des benachbarten Stadtschlosses nach den Vorgaben Friedrichs II. Er ist mit weiteren antiken Staffagen ausgestattet: Da „bewachen" vier Sphinxe vier Medaillons. Sie zeigten ursprünglich Reliefporträts der für Potsdam wichtigen Hohenzollern-Herrscher: den Großen Kurfürsten und die Könige Friedrich I., Friedrich Wilhelm II. und Friedrich II. Im Sockel stehen vier römische Redner und sorgen buchstäblich für Bodenständigkeit des Obelisken. Der Obelisk wurde 1945 stark beschädigt und mit rotem Marmor aus Sibirien und weißem Marmor aus Nordmazedonien wieder aufgebaut. Dabei wurden die Porträts der Hohenzollern-Herrscher gegen die von stadtprägenden Architekten ausgetauscht: Knobelsdorff, Gontard, Schinkel und Persius.

Hiller-Brandtsche Häuser

## 12 Die Breite Straße

Wir befinden uns jetzt wieder an der Breiten Straße. Hier standen sich früher auf Rufweite gegenüber: die Kaserne, die Garnisonkirche, die Gewehrfabrik und das Militärwaisenhaus. Das rote, mit großen Fenstern versehene und reich verzierte Doppelhaus entlang der Breiten Straße gehört zu den von Friedrich II. initiierten Prachtbauten. Es geht auf einen nicht realisierten Entwurf für Schloss Whitehall in London aus dem Jahr 1619 zurück. Hier verbergen sich hinter der auffälligen Palastfassade gleich zwei bürgerliche Wohnhäuser, benannt nach ihren ersten Besitzern: die Hiller-Brandtschen Häuser. Hier lebten der Kaufmann Hiller und der Schneider Brandt mit ihren Familien und den im flacheren Mitteltrakt obligatorisch einquartierten Soldaten. Damals hieß es: „In Potsdam lebt die Armut in Palästen".

Wir überqueren erneut die Breite Straße an einem Ampelübergang und stehen vor einem modernen Zweckbau mit einem auffälligen Mosaik. Es besteht aus 13 Teilen, hat den Titel „Der Mensch bezwingt den Kosmos" und stammt von Fritz Eisel (1929 – 2010). Der Mann, der da frei im All schwebt, ist nicht – wie häufig behauptet – Juri Gagarin, sondern Alexej Leonow, der 1965 als erster Mensch den Schutz der Raumkapsel verließ. Das Gebäude, das nach der letztendlichen Sprengung der Garnisonkirche errichtet wurde, diente zunächst als Rechenzentrum.

Mosaikteil aus „Der Mensch bezwingt den Kosmos"

**Garnisonkirche**
Di–So 10–18 Uhr
Aktuelle Ausstellungen und Veranstaltungen auf garnisonkirche-potsdam.de

Auf der Spurensuche nach dem Alten Potsdam sind wir an der Hof- und Garnisonkirche angekommen. Beziehungsweise dem erst kürzlich wiedererrichteten Turm (siehe dazu S. 71). Die Kirche wurde während der Regierungszeit des „Soldatenkönigs" 1730 bis 1735 errichtet. Der Architekt Philipp Gerlach (1679 – 1748) schuf damit eine der bedeutendsten Kirchen des norddeutschen Barock. Ihr 88 Meter hoher Turm war der höchste der drei die Stadtsilhouette bestimmenden Kirchen: Nikolaikirche, Heiliggeistkirche und Garnisonkirche. Die Kirche bot Platz für 2.000 Besucher, darunter ursprünglich alle Angehörigen der Potsdamer Garnison.

*Fassade des „Langen Stalls"*

Hinter dem Kirchturm steht eine einsame Barockfassade. Das dazugehörige Haus aber fehlt, der ursprüngliche Exerzierstall der Potsdamer Rekruten für den Winter, der **„Lange Stall"**. Es war ein Fachwerkbau von beachtlichen Ausmaßen. Friedrich der Große ließ bei der Verschönerung seiner Residenz eine Schaufassade davorstellen. Der Holzbau brannte im Zweiten Weltkrieg ab, die Fassade mit den martialischen Figuren blieb.

Von hier aus führt die Werner-Seelenbinder-Straße auf den Marstall, das Filmmuseum Potsdam, zu. Die Straße hieß früher Mammonstraße. Und tatsächlich wohnten hier die reichsten Vertreter der Potsdamer Gesellschaft: Generäle, Kaufleute, hohe Beamte. Der Gang durch diese Straße zeigt noch einmal Potsdams Widersprüchlichkeit. Auf der einen Seite die Palais der einstigen Residenz (allerdings meist noch im unrenovierten Zustand), auf der anderen Seite, die den Krieg nicht überstanden hat, frisch sanierte Wohnheime für Studenten.

**Spielbank Potsdam Joker's Garden**
täglich 15–3 Uhr
Großes Spiel
11–3 Uhr
Automatenspiel

An der Schloßstraße stehen die zwei Torhäuser, die den früheren Schlossbezirk optisch vom Rest der Stadt trennten. Beide stammen vermutlich vom Sanssouci-Erbauer Knobelsdorff.

Im Haus mit der Adresse Schloßstraße 1 lädt die **Spielbank Potsdam** ein, das Glück zu versuchen. Von hier aus ist bereits die Lange Brücke zu sehen, wo diese Tour begann und wo sie auch endet.

### Der Tag von Potsdam

Die Protestanten trafen sich zum Gebet in der Nikolaikirche, die Katholiken in St. Peter und Paul. Dann zogen die Abgeordneten des neugewählten Reichstages durch ein Spalier von Schaulustigen zur Garnisonkirche. Hier trafen die Hauptpersonen des Ereignisses aufeinander: der greise Reichspräsident Hindenburg und der künftige Reichskanzler Adolf Hitler, um anschließend weihevolle Reden zu halten. Es gibt ein Foto vom damaligen Handschlag, das heute jedes Schulkind kennt: Hitler in tiefer Verbeugung vor dem einstigen Feldmarschall. Es ist eine Ikone des sogenannten Tages von Potsdam, des 21. März 1933.

Nur die Nazi-Propaganda selbst hat dieses Foto nie veröffentlicht. Denn Hitler in Verbeugung vor einem Repräsentanten der Weimarer Republik – das ging gar nicht. Schon hier zeigte sich die zwiespältige Rolle, die die Potsdamer Garnisonkirche zu Beginn des „Dritten Reiches" spielte. Sie sollte eine Hülle für die anschließende gewaltige Volksverdummung durch die Nazis abgeben. Der Reichstag wurde übrigens nicht in Potsdam, sondern in der Berliner Kroll-Oper durch Hermann Göring eröffnet, der 13 Jahre später im Nürnberger Kriegsverbrecherprozess zum Tode verurteilt wurde.

Die Garnisonkirche war stets mehr als ein Gotteshaus. Hinter dem Altar standen bis in den Zweiten Weltkrieg hinein die Särge des „Soldatenkönigs" und Friedrichs des Großen. Fahnen und Standarten sollten an militärische Siege erinnern. So wurde die Kirche zur Weihestätte das preußischen Militärs. Am 14. April 1945 erlitt sie das Schicksal vieler historischer Gebäude in Potsdam: Sie wurde von Bomben getroffen. Als Gotteshaus nicht mehr zu gebrauchen, ragte jedoch über 20 Jahre ihr Turm noch in die Höhe. Als er 1968 gesprengt wurde, regte sich vernehmlich Protest.

Inzwischen ist es gelungen, mit Hilfe von Spendengeldern und staatlichem Zuschuss zumindest den Turm und eine kleine Kapelle wieder aufzubauen. Vorausgegangen ist eine heftige Debatte über die künftige Bestimmung des Gebäudes. Die einen wollten die Rückkehr zum preußischen Ruhmestempel, die anderen eine Mahnung zur Friedfertigkeit. Als sich letztere durchgesetzt hatten, stand der Wiedererrichtung des Turmes nichts mehr im Wege. Der wiederaufgebaute Garnisonkirchturm entspricht im äußeren Erscheinungsbild weitgehend dem ursprünglichen Bau, ist aber im Inneren neu gestaltet. Er bietet den bequemen Aufstieg mit Fahrstuhl und von oben eine Panoramaaussicht auf das historische Potsdam.

# Die Schiffbauergasse

Tram **93** BUS **N16**
**Halt: *Schiffbauergasse/ Berliner Str.***
Tram **94, 99**
**Halt: *Schiffbauergasse/ Uferweg***
www.schiffbauergasse.de

**Museum Fluxus+**
Mi–So 13–18 Uhr

**Schiffbauergasse**

Auf einer Landzunge am Havelufer spiegelt sich die Potsdamer Geschichte auf besondere Weise wider. Entlang der Schiffbauergasse in alten Militär- und Industriebauten, aber auch in architektonisch eigenwilligen Neubauten, hat sich in den vergangenen Jahren ein integrierter Kultur- und Gewerbestandort entwickelt, wie er wohl einmalig in Deutschland ist. In einem vergessenen Winkel der Innenstadt unweit der Humboldtbrücke über die Havel fand die Off-Szene viel Raum für Kunst und kulturelle Experimente aller Art. Im Laufe der Zeit und dank eines großen Engagements von Stadt und Land entwickelte sich hier ein Quartier, dessen Reiz das enge Beieinander der verschiedensten Richtungen von Kunst, Kultur, Hightech-Unternehmen und Gastronomie ausmacht. Viel wurde hier restauriert, aber auch viel neu gebaut. Angesichts dieses interessanten Wechselspiels von Alt und Neu ist es kein Wunder, dass Stadtrundfahrten diesen Teil Potsdams auf ihren Routen besuchen.

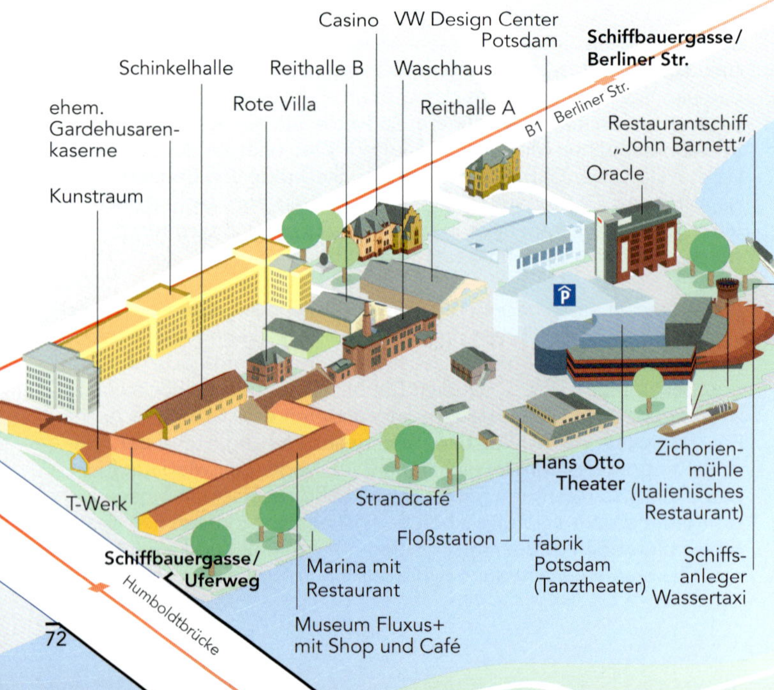

Ihren Namen verdankt die Schiffbauergasse jener Werft, von der 1819 das damals größte Dampfschiff Europas vom Stapel lief. Später entstand hier eine große Kasernenanlage des Leib-Garde-Husaren-Regiments, an deren Planung auch Baumeister Schinkel beteiligt war. Zur Anlage gehörten allein vier Reithallen. Als in Potsdam 1856 die Straßenbeleuchtung Einzug hielt, führte dies zum Bau einer Gasanstalt mit vier Gasbehältern. Einer davon ist in den modernen Theaterbau integriert. Die 1880 am Ufer der Havel eingerichtete Königliche Garnisonwaschanstalt lebt im Kunst- und Kulturhaus „Waschhaus" weiter.

*Hans Otto Theater*

## Potsdams schönes Stadttheater

Das Hans Otto Theater ist das Flagschiff des Kulturstandorts. Der Bau zeigt seine schönste Seite nicht zur Stadt hin, sondern in die Kulturlandschaft hinein. Vom Wasser aus oder vom gegenüberliegenden Park Babelsberg hat man die besten Ansichten auf die Fassade mit den herausragenden Dachschalen. Das Theater bietet einen abwechslungsreichen Spielplan, der Schauspiel, Musiktheater sowie Kinder- und Jugendtheater umfasst.

*T-Werk*

## Die Zichorienmühle

Gleich neben dem Theater steht ein weiteres bemerkenswertes Gebäude: die Zichorienmühle, in der vor über 200 Jahren aus der gerösteten Wurzel des Chicorée Ersatzkaffee hergestellt wurde. Da diesen Kaffee auf Dauer niemand mochte, verlor die Mühle erst ihre ursprüngliche Funktion und bald darauf ihre Flügel. Aufgrund der pittoresken Lage bezog sie Friedrich Wilhelm IV. in seine Pläne zur Landschaftsverschönerung ein – heute steht sie unter Denkmalschutz und beherbergt ein Restaurant.

*Waschhaus*

## Tour 4: Bummel durch die barocken Stadterweiterungen

*Fotos oben: Töpfermarkt im Holländischen Viertel, Brandenburger Straße*

**ca. 3 Stunden**

**BUS 694 Tram alle Bahnen Richtung Innenstadt Halt: *Lange Brücke***

*Die Freundschaftsinsel ist reich an Skulpturen.*

### 1 Die Lange Brücke

Die Lange Brücke überquert zwei Flussarme der Havel, die Neue und die Alte Fahrt. Die Neue Fahrt (dem Bahnhof zugewandt) ist tief genug für die großen Schiffe. Im Hintergrund ist der Babelsberger Park zu sehen. Auf der Alten Fahrt schwimmen nur Ruderboote und Enten. Die beiden Havelarme umschlingen die Freundschaftsinsel.

### 2 Die Freundschaftsinsel

Verlassen Sie die Lange Brücke und gehen Sie hinab zur Freundschaftsinsel. Sie hat ihren Namen von einer Ausflugsgaststätte, die vor 170 Jahren die Potsdamer an den Stadtrand lockte. Zum blühenden **Staudengarten** wurde sie jedoch erst in den 1930er-Jahren, als der Gärtnerpoet Karl Foerster (1874 – 1970) sich der Insel annahm und einen Schau- und Sichtungsgarten für winterharte Stauden anlegte. Diese Arbeiten konnte er nach dem Krieg bis an sein Lebensende fortsetzen. Freilichtbühne, Abenteuerspielplatz, Ausstellungspavillon und Café kamen hinzu, dazu inzwischen 20 Kleinplastiken, darunter eine zum Gedenken an den berühmten Züchter.

Eine kleine Fußgängerbrücke führt Sie ins frühere Heiliggeist-Viertel. Nur wenig ist entlang der **Burgstraße** von der ursprünglichen

*Die Freundschaftsinsel*

Bebauung übrig geblieben. Mit den Mitteln der modernen Architektur wurde ein Wohnturm als Teil eines Seniorenheims genau an der Stelle errichtet, an der sich einst die **Heiliggeist-Kirche** befand. An Wochenenden ist er für Besucher geöffnet.

Am Ende der Straße hat sich – so die Archäologen – der älteste Potsdamer Siedlungskern befunden. Es war ein slawischer Burgwall, von dem aus sich der Zusammenfluss von Havel und Nuthe überschauen ließ. Das Flüsschen Nuthe wird von einer Fußgängerbrücke überspannt, die einen Uferweg von der Langen Brücke bis zum Park Babelsberg möglich macht.

**Tipp:** Originalzüchtungen von Karl Foerster, wie seine berühmten Rittersporne und Phloxe, kann man in der Gärtnerei in Bornstedt kaufen: Foerster-Stauden GmbH, Am Raubfang 6, Potsdam-Bornim.

## 3 Die Stadtmauer

Wir biegen nun in die Große Fischerstraße ein. Auf der einen Seite ein komplett erhaltener Straßenzug aus der Zeit Friedrichs des Großen, auf der anderen Seite ein rekonstruierter Rest der Potsdamer Stadtmauer aus dem Jahr 1722. Eine wehrhafte Mauer zum Schutz der Bürger hat Potsdam nie besessen. Zu klein und unbedeutend war der Ort im unruhigen Mittelalter. Erst als Potsdam unter dem „Soldatenkönig" Friedrich Wilhelm I. Garnisonstadt war, wurde 1722 eine Befestigung rund um die Stadt gezogen. Dazu gehörten fünf Stadttore, von denen vier durch Friedrich II. umgebaut wurden, eins blieb erhalten: das Jägertor.

*Rekonstruierte Stadtmauer*

*Havelfischerei hinter der Stadtmauer*

Die Aufgabe der Mauer bestand darin, die Soldaten am Desertieren zu hindern und die Zölle (Akzise) an den Stadttoren einzutreiben. Hinter der Mauer hat der einzige gewerbliche Potsdamer **Havelfischer** sein Domizil. Hier gibt es – bei gutem Fang – den berühmten Havelzander.

Verkauf:
**Fischerhof Potsdam**
Do 12–16
Fr 11–17
Sa 10–13 Uhr
fischerhofpotsdam.de

### ❹ Der Stadtkanal

Am Ende der Großen Fischerstraße stoßen wir auf den Stadtkanal, der an dieser Stelle wieder freigelegt ist. Von hier aus ist es nur ein kurzes Stück bis zu der Stelle, an der der Kanal von der Havel abzweigt. Ursprünglich befand sich hier das **Kellertor**, von dem aus die Zufahrt überwacht wurde. Der Kanal durchfloss einstmals auf einer Länge von 1840 Metern die Potsdamer Innenstadt. Neun Brücken überquerten ihn. Bereits 1889 wurden erste Abschnitte wegen schlechten Geruchs zugeschüttet, 1965 war er nicht mehr vorhanden. Eine Bürgerinitiative betreibt seit 1990 die Freilegung.

### ❺ Am einstigen Berliner Tor

Geschichtsinteressierte werden auf dem folgenden Wegstück entlang der nördlichen Seite der Straße **Am Kanal** auf ihre Kosten kommen. Das gesamte Areal gehört heute dem Energieversorger e.dis, der die historische Substanz behutsam saniert hat. So erleben wir einen Kasernenkomplex, den Baumeister von Knobelsdorff für das preußische Garde du Corps entworfen hat. Das **Kommandantenhaus** mit den vier Schmuckurnen auf dem Dach hebt sich deutlich aus der umliegenden Bebauung heraus. Es ist eine der letzten Arbeiten des Sanssouci-Erbauers, der mit nur 54 Jahren starb.

*Die Kellertorwache wurde als Wohnhaus wiedererrichtet*

Es folgt die Lammsche Brauerei, wo 200 Jahre lang Bier ausgeschenkt wurde. Das Ende dieser Häuserzeile bildet ein Haus aus dem Jahr 1724, das mit einem viel prachtvolleren Gebäude von 1777 entlang der Berliner Straße eine äußerlich unsichtbare, aber im Inneren funktionierende Einheit bildet. In ersteres zog 1758 der für die Nachwelt berühmteste Vorleser Friedrichs des Großen ein. Das war Henri de Catt, der später seine Gespräche mit dem König publizierte. Nach 15 Jahren Dienst bei Hofe konnte er sich ein ansehnliches Palais leisten.

Diesem Palais schließt sich eine vollkommen schmucklose ehemalige Kaserne für verheiratete Angehörige der Garnison an. Und danach folgt ein Baufragment. Es ist ein Überbleibsel des **Berliner Tores**, das die Stadt in Richtung Glienicker Brücke abschloss.

*Das von Knobelsdorff entworfene Kommandantenhaus*

## 6 Posthofstraße

Die Charlottenstraße in Richtung Bergmann-Klinikum führt uns zur Posthofstraße. Ihr statten wir einen Besuch ab, weil hier die **„Schauspielerkaserne“** steht. Das Haus schloss sich ursprünglich an das Potsdamer Königliche Schauspielhaus an, das am Kanal stand und daher beim Volk „Kanaloper“ hieß. König Friedrich Wilhelm II. hatte es der Potsdamer Bürgerschaft zum Geschenk gemacht. Da aber die Schauspieler und Musiker zu den Vorstellungen aus Berlin kommen mussten, wurde die „Schauspielerkaserne“ gebaut, wo die Gäste nach den Vorstellungen übernachten konnten. Zum Glück hat auch das Bogenrelief an der Fassade den Krieg überstanden, für das Johann Gottfried Schadow die Entwürfe geliefert haben soll. Gezeigt werden mit dem Theater verbundene Szenen aus der antiken Mythologie.

*Schauspielhaus von 1795 (Aufnahme vor 1945)*

*Bogenrelief an der „Schauspielerkaserne“ (Ausschnitt)*

*Die Französische Kirche*

## 7 Die Französische Kirche

Die Plattenbauten rechts und links der Französischen Straße lassen nicht vermuten, dass wir uns im Französischen Quartier des alten Potsdam befinden, das 1945 den Bomben zum Opfer fiel. Seit dem Edikt von Potsdam, mit dem 1685 der Große Kurfürst Glaubensflüchtlinge einlud, in Brandenburg zu siedeln, vergrößerte sich die Zahl der Franzosen in Potsdam ständig. Sie besaßen hier eine eigene Gerichtsbarkeit, eine eigene Schule, schließlich schenkte ihnen Friedrich der Große noch eine eigene Kirche. Das war am 16. September 1753, dem Tag, an dem ihr Baumeister von Knobelsdorff starb. Sie besitzt einen ovalen Grundriss mit einer freitragenden Kuppel. 1834 erneuerte Schinkel die Innengestaltung der Kirche und sorgte für eine sichere Statik. Sie ist damit das einzige Bauwerk, an dem die beiden bedeutenden Architekten von Knobelsdorff und Schinkel tätig waren.

*Soldatenfriedhof*

## 8 Der Bassinplatz

Einem Bassin, mit dessen Hilfe der Grundwasserstand in der Umgebung gesenkt werden sollte, verdankt der Platz seinen Namen. Aber schon vor rund 180 Jahren wurde es zugeschüttet und von Lenné in einen Park verwandelt. In einem Teil der Anlage wurde 1946 ein sowjetischer **Soldatenfriedhof** angelegt. Der Friedhof genießt einen besonderen Schutz, da sich die Bundesrepublik Deutschland zur dauernden Erhaltung verpflichtet hat.

Große Teile des Platzes dienen wochentags als Marktplatz, auf dem unter anderem die Obstbauern des Havellandes ihre Produkte anbieten. Dominiert wird der Platz vom 60 Meter hohen Turm der katholischen **Kirche St. Peter und Paul** aus dem Jahr 1870. Im Haus Am Bassin 10 – schräg gegenüber der Kirche St. Peter und Paul – logierte im Jahr 1789 angeblich einen Monat lang Wolfgang Amadeus Mozart. Eine Tafel über der Tür erinnert daran. In der Hoffnung, seine finanzielle Situation zu verbessern, bewarb sich der Komponist um eine Anstellung in der Hofkapelle König Friedrich Wilhelms II., der begeisterter Musiker war und

*Am Bassin 10*

Cello spielte. Der französische Hofkapellmeister allerdings intrigierte mit allen Mitteln gegen das Genie. Schließlich verließ Mozart Potsdam, ohne auch nur einmal öffentlich aufgetreten zu sein. Der König aber gab sechs Streichquartette in Auftrag.

## 9 Der Platz der Einheit

**Wochenmarkt**
Mo–Fr 8–16 Uhr
Sa 8–13 Uhr

An der Wilhelmgalerie vorbei gelangen wir zum Platz der Einheit. Er ist der zentrale Platz von Potsdam und Verkehrsknoten. Hier treffen sich alle Tramlinien, viele Buslinien halten hier.

An der Südseite des Platzes hat in modernen Räumen die Stadt- und Landesbibliothek ihren Sitz, an der Ostseite steht die Hauptpost. Gleich daneben erinnert eine Tafel daran, dass hier die **jüdische Synagoge** stand, die 1938 dem November-Pogrom zum Opfer fiel. Die Nordseite wird von der Wilhelmgalerie mit Läden und gastronomischen Einrichtungen dominiert.

**Tram BUS alle Linien Richtung Innenstadt**
**Halt: *Platz der Einheit***

Mit der großen Rasenfläche in der Mitte des Platzes hat es eine besondere Bewandtnis: Als der „Soldatenkönig" Potsdams Stadtgebiet vergrößern ließ, stießen seine Bauleute auf viel sumpfiges Gelände. Der Platz der Einheit war ein solch unwirtlicher Ort. Ganze Wälder von Pfählen wurden daraufhin in den Boden gerammt und Entwässerungsgräben gezogen. Aber an einigen Stellen ließ sich die Natur nicht bezwingen. Eine Rasenfläche – mehr war hier nicht zu machen. Eingerahmt wurde der Platz zur Zeit Friedrichs des Großen von repräsentativen Gebäuden, von denen jedoch nur noch wenige erhalten sind.

*Das Denkmal für den unbekannten Deserteur vor einer Reihe von Japanischen Schnurbäumen*

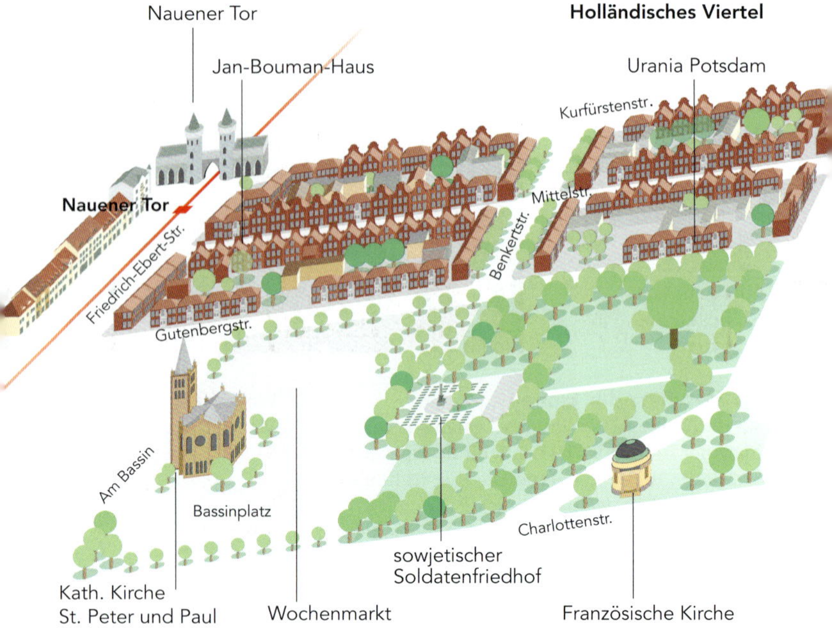

Nauener Tor
Holländisches Viertel
Jan-Bouman-Haus
Urania Potsdam
Kurfürstenstr.
Nauener Tor
Mittelstr.
Benkertstr.
Friedrich-Ebert-Str.
Gutenbergstr.
Am Bassin
Bassinplatz
Charlottenstr.
sowjetischer
Soldatenfriedhof
Kath. Kirche
St. Peter und Paul
Wochenmarkt
Französische Kirche

### ⑩ Das Holländische Viertel

Von der Benkertstraße kommend, betreten wir jetzt eine der spektakulärsten Sehenswürdigkeiten Potsdams – das Holländische Viertel. 134 Häuser unterschiedlicher Größe sind zu vier Karrees zusammengefügt und bilden das größte zusammenhängende Siedlungsgebiet im holländischen Stil außerhalb der Niederlande.

Besonders markant sind die Giebelhäuser entlang der Mittelstraße, in der mancher eine

La Maison du Chocolat
Wir
Empfehlen
Warmer
Ziegenkäse
auf Schalotten-
confit und
Sauce Gribiche
PASTA

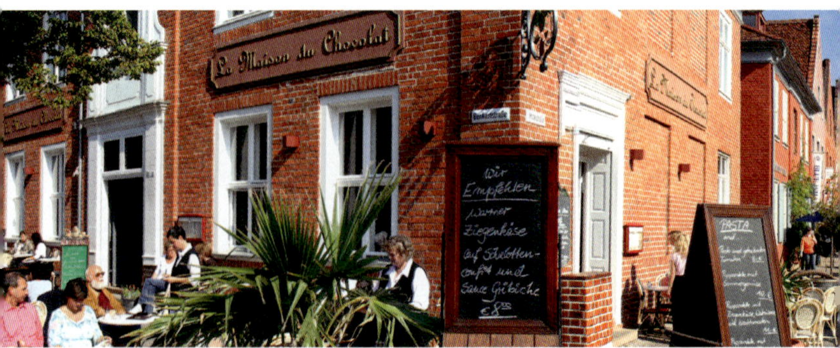

aufgereihte Kompanie von Grenadieren zu sehen glaubt. Der rhythmische Wechsel der Bauformen lässt sofort den einheitlichen Plan erkennen, nach dem dieses Viertel errichtet wurde. Es war wiederum der „Soldatenkönig", der mit diesen – für damalige Verhältnisse – komfortablen Häusern holländische Siedler nach Potsdam locken wollte. Wenn auch weniger als gehofft kamen, wurden die roten Häuser ein beliebtes Wohnquartier für Handwerker und Künstler. Kleine Geschäfte, urige Gaststätten und kaum Verkehr auf den engen Straßen sorgen für ein eigenes Flair. Einige der Häuser erlauben einen Blick in die Hinterhöfe – lassen Sie sich das nicht entgehen!

Als Museum zugänglich ist das Haus Mittelstraße 8, das nach dem Architekten des Viertels benannte **Jan-Bouman-Haus**, in dem die Baugeschichte der holländischen Häuser anschaulich dokumentiert ist.

*Straßenfest im Holländischen Viertel*

**Wiederkehrende Feste im Holländischen Viertel**
**April:** Tulpenfest
**August/September:** Töpfermarkt
**Dezember:** Weihnachtsmarkt mit Sinterklaas

**Jan-Bouman-Haus**
Mittelstraße 8
Mo–Fr 13–18 Uhr,
Sa, So und feiertags
11–18 Uhr

**Tram 92, 96**
**BUS 604, 609, 638**
**Halt: *Nauener Tor***

## ⓫ Das Nauener Tor

Am Ende der Mittelstraße gelangen Sie auf die Friedrich-Ebert-Straße. Inzwischen verkehrsberuhigt, aber voller Leben, bildet sie eine wichtige Nord-Süd-Achse durch die Potsdamer Innenstadt. Wie eine graue Trutzburg steht das Nauener Tor mitten auf der Straße. Nur Straßenbahnen und Busse dürfen es durchfahren.

Das Tor entstand 1755 nach Plänen Friedrichs II., als die Rückbesinnung auf mittelalterliche Gotik in England gerade zur Mode wurde. In den Sommermonaten sind die Flächen vor dem Tor ein einziges Freiluftrestaurant. Traditionsreichstes Unternehmen am Platz ist das Café Heider, einst Hofkonditorei Rabien. Hier trifft sich Potsdam, um zu sehen und gesehen zu werden.

Lassen Sie das Nauener Tor hinter sich und folgen Sie der Friedrich-Ebert-Straße bis zur **Gutenbergstraße**.

*Laden im Holländischen Viertel*

## ⓬ Das Viertel der gelben Giebelhäuser

Da stehen sie, die einfach erbauten Giebelhäuser in ihrer schlichten Schönheit mit dem gelben Putz über der Fachwerkkonstruktion. Nach einheitlichem Plan entstanden sie ab 1733. In den Bürgerhäusern waren u.a. die berühmten „Langen Kerls“ untergebracht. Ursprünglich glich in den Straßenzügen der

*Nauener Tor*

## Die Langen Kerls

Sieht so ein normaler Thronwechsel aus? Der alte König ist eben gestorben, da marschiert der Nachfolger an der Spitze von 500 Soldaten in die Residenz Potsdam ein. Was dann folgt, ist die Einführung eines neuen Regimes: Der korrupte Hofstaat wird auseinandergejagt und ein Staat aus treuen Beamten geschaffen, aus Verschwendungssucht wird strengste Sparsamkeit. Das Militär darf sich der vollen Aufmerksamkeit des Königs sicher sein. König Friedrich Wilhelm I. erwirbt sich bald den Zusatz „Soldatenkönig".

Das allerhöchste Wohlwollen des Königs gehörte seiner Riesengarde, den „Langen Kerls". Aus ganz Europa ließ er sie kommen, die Hauptsache, sie waren mindestens 1,88 Meter groß. Zusammen mit einer hohen roten Grenadiermütze erreichte so mancher zweieinhalb Meter – eine furchterregende Höhe.

In den Krieg mussten sie nur einmal ziehen, 1715 gegen die Schweden. Bedeutsamer war ihre Rolle als Mustertruppe des Heeres. Neue Waffen und Ausrüstungen sowie neue Exerzier-Reglements wurden mit und an ihnen erprobt. Nicht selten war der König selbst auf dem Exerzierplatz (er hatte Teile des Lustgartens zum Truppenübungsplatz umfunktioniert) anzutreffen. Seine Peitsche war bei den Rekruten gefürchtet. Kein Wunder, dass Potsdam eine gut bewachte Stadtmauer besaß: Sie hatte neben der Zollerhebung auch die Funktion, Soldaten vom Desertieren abzuhalten.

Mit den „Langen Kerls" begann Potsdam, rasant zu wachsen. Kasernen waren damals noch nicht „erfunden". Also wurden Militärangehörige – wenn sie keinen eigenen Hausstand hatten – bei Bürgern einquartiert. Meist waren es drei pro Haushalt, eine schwere Belastung für die Bürger. Und dennoch: Es wurde gebaut, die Stadt dehnte sich aus, das Handwerk blühte, Manufakturen siedelten sich an. Als Zeichen für den eigenen Erfolg ließ der König ein Quartier im holländischen Stil erbauen – denn dies war das Land, dem er zeitlebens nacheiferte.

*Zellentrakt in der Gedenkstätte für die Opfer politischer Gewalt*

„zweiten barocken Stadterweiterung" ein Haus dem anderen. Im Laufe der Jahrhunderte haben sich aber immer neue Gebäude hineingedrängt und ein wahres Sammelsurium der Baustile entstehen lassen.

Viele der Häuser wurden in den letzten Jahren erneuert und bieten Platz für Unternehmensgründer mit den verschiedensten Geschäftsideen. Auch hier lohnt sich der Blick in die kleinen Läden und die Hinterhöfe. Die Jägerstraße führt noch einmal kurz an die Grenze dieser historischen Innenstadt.

### 13 Die Hegelallee

Der Blick nach rechts zeigt: Die Tour führt wieder in die Nähe des Nauener Tores. Wenn dieses Tor ein Teil der Potsdamer Stadtbefestigung war, dann muss es hier auch eine Stadtmauer gegeben haben. Tatsächlich ist ihr Verlauf in westlicher Richtung noch sehr gut erkennbar: Es ist die Mittelpromenade entlang der Hegelallee.

*Das Jägertor*

An der nächsten Straßenmündung ist bereits ein weiteres Stadttor erreicht, das **Jägertor**. Es entstand mit den ersten Giebelhäusern 1733 und wurde als einziges Stadttor unter Friedrich II. nicht erneuert. Hier hindurch führte der Weg königlicher Jagdgesellschaften in die Wälder nördlich von Potsdam. Später waren es die Soldaten der Potsdamer Garnison, die zu den Manöverplätzen ins Bornstedter Feld zogen.

*In der Jägerstraße*

### Die Potsdamer Giebelhäuser

König Friedrich Wilhelm I. soll 1733 selbst das Terrain abgesteckt haben, auf dem bis 1740 lange Reihen von immer gleichen Giebelhäusern entstanden. Die ursprünglich 450 „Typenhäuser" waren meist fünfachsig (d.h. fünf Fenster in der mittleren Etage) und verfügten über acht Zimmer, zwei Küchen und zwei Kammern, dazu eine Stube unter dem Giebel und einen sehr kleinen Keller. Die Toiletten waren ursprünglich auf dem Hof. Das Museumshaus „Im Güldenen Arm", Hermann-Elflein-Str. 3, ist in seiner ursprünglichen Form bewahrt. Es ist in den Sommermonaten für Ausstellungen geöffnet.

## 14 Die Lindenstraße

Von Linden gesäumt, ohne viel Verkehr und mit zahlreichen der historischen Giebelhäuser hat die Lindenstraße viel von ihrer Ursprünglichkeit bewahrt. Sie präsentiert sich beschaulich. Die Cafés stellen bei schönem Wetter die Tische vor die Tür, ebenso die Antiquitätenhändler ihre Auslagen – hier spielt sich viel Leben auf der Straße ab. Weniger romantisch ist die Geschichte des Kommandantenhauses, eines großen, roten Ziegelbaus im holländischen Stil. Ursprünglich für den Kommandanten des königlichen Leibregiments errichtet, diente es lange Zeit als Gefängnis. Vor allem politische Gefangene wurden hier eingesperrt. Eine Gedenkstätte erinnert heute an diese Zeit.

**Gedenkstätte für die Opfer politischer Gewalt im 20. Jahrhundert**
Lindenstraße 54/55
Di–So 10–18 Uhr

Tram **91, 94**
BUS **605, 631, 695, X5**
**Halt: *Luisenplatz-Süd/ Park Sanssouci***

## 15 Die Brandenburger Straße

Die Straße ist Potsdams Flaniermeile schlechthin. Ein Geschäft reiht sich ans andere, auch Potsdams größtes Kaufhaus findet sich hier. Kein Auto stört beim Shoppen.

*Auf Potsdams Bummelboulevard*

*Ins Pflaster eingelassenes Stadtwappen am Anfang der Brandenburger Straße*

Vielfach setzt sich die Ladenstraße in den Hinterhöfen fort. Das Haus Brandenburger Straße 5/6 ist der Zugang zum Luisenforum mit Buchläden, Souvenirshops und anderen Geschäften. Hier steht auch noch der letzte Industrieschornstein der Innenstadt, er gehörte zu einer Seifenfabrik.

Unübersehbar am Ende der Brandenburger Straße steht das **Brandenburger Tor.** Hier öffnet sich die Straße zu einem Platz, in dessen Mitte das Potsdamer Stadtwappen ins Pflaster eingelassen ist. In den historischen Gebäuden rundherum befinden sich Cafés und Restaurants sowie am Anfang der Allee nach Sanssouci die Potsdamer Tourist Information.

*Detail an einem kleinen Durchgang des Brandenburger Tors von Potsdam*

Das Potsdamer Brandenburger Tor ist rund 30 Jahre älter als sein berühmter Namensvetter in Berlin. Als Erinnerung an die Siege im Siebenjährigen Krieg ließ Friedrich II. das Tor 1770 als römischen Triumphbogen errichten. Zwei hervorragende Baumeister (C. v. Gontard und G. C. Unger) waren daran beteiligt. Der eine gestaltete es zur Stadtseite hin ganz schlicht, wie auch die Häuser des angrenzenden Viertels; der andere schuf eine prunkvolle Fassade auf der dem Park Sanssouci zugewandten Seite.

## 16 Der Luisenplatz

Gehen Sie durch das Brandenburger Tor, überqueren Sie die Straße – und Sie stehen auf dem Luisenplatz. Die 17-jährige mecklenburgische Prinzessin Luise – die später berühmt gewordene Königin Luise – wurde auf dem heutigen Luisenplatz von ihrem künftigen Gemahl, Kronprinz Friedrich Wilhelm, und den Honoratioren der Stadt und vielen Schaulustigen als Braut begrüßt.

Unter der Fontäne befindet sich seit einigen Jahren eine Tiefgarage. Das auffälligste Gebäude am Platz, der rote Backsteinbau mit Zinnen

Im ältesten original restaurierten Haus der 2. Stadterweiterung befindet sich das **Museumshaus „Im Güldenen Arm"**
H.-Elflein-Str. 3
geöffnet zu Sonderausstellungen
Mi–So 12–18 Uhr

*Der Luisenplatz mit dem Brandenburger Tor*

auf dem Dach – jetzt von einer Bank genutzt – war ursprünglich eine Kaserne für eines der königlichen Leibregimenter. Am anderen Ende des Luisenplatzes, an der Ecke des „Wiener Cafés“, beginnt die Allee nach Sanssouci. Es sind nur noch wenige Schritte bis zum berühmtesten der Potsdamer Parks.

**Wer war Luise?**
Luise war zu Beginn des 19. Jahrhunderts für die Preußen die „Königin der Herzen". Sie war eine schöne Frau, Mutter von zehn Kindern, Gemahlin und Beraterin von König Friedrich Wilhelm III. und Patriotin. Der bürgerliche Lebensstil des Königspaares prägte das Ideal dieser Zeit. Als sich ihr Land in höchster Not befand, trat sie mutig Napoleon gegenüber und bemühte sich um einen für Preußen günstigen Friedensschluss. Bis heute ranken sich Geschichten und Legenden um diese Regentin, die nur 34 Jahre alt wurde.

*Fotos rechts: Belvedere auf dem Pfingstberg, Schloss Cecilienhof, Marmorpalais*

Schlösser, Soldaten und Spionenbrücke

# Der Potsdamer Norden und der Neue Garten

*Nördlich der Potsdamer Innenstadt erstreckt sich eine Parklandschaft mit sehr unterschiedlichen Gesichtern.*

**Tour 5** Lernen Sie den romantischen Neuen Garten mit dem Marmorpalais und dem Schloss Cecilienhof kennen.

**Tour 6** Erleben Sie Teile der Potsdamer Kulturlandschaft zwischen dem Neuen Garten und dem Schlossgarten Glienicke.
**Extra:** Entlang der Havel zur Pfaueninsel.

**Tour 7** lädt zum Klettern auf Potsdams höchste Aussicht ein – den Pfingstberg mit seinem Belvedere. Als Belohnung wartet ein weiter Blick – an schönen Tagen bis in die Berliner City. Am Ende des Weges befindet sich eine russische Siedlung mit einem stilechten Restaurant.
**Extra:** Der Potsdamer Volkspark und die Biosphäre Potsdam.

## Tour 5: Durch den Neuen Garten

ca. 1 Stunde

**Tram 92, 96**
**BUS 603, 604, 609, 638**
**Halt: *Reiterweg/Alleestraße; 5 Min. Fußweg oder Umsteigen in:***
**BUS 603**
**Halt: *Am Neuen Garten/ Gr. Weinmeisterstr.***

*oben: Park-Eingang, Pyramide im Neuen Garten*
*unten: Götterstatue an der Orangerie*

### Der Neue Garten

Es kommt vor, dass Erben manches von dem, was ihnen vermacht wird, partout nicht haben wollen. So ging es auch dem preußischen König Friedrich Wilhelm II., dem Neffen und Nachfolger Friedrichs II. Sanssouci entsprach nach 50 Jahren einfach nicht mehr der gängigen Mode. Inzwischen war modern, stärker an der Natur zu leben. Ganz in diesem Sinne erwarb der künftige König bereits als Kronprinz Grundstücke am **Heiligen See**, um sich ein eigenes Refugium zu schaffen.

Zwischen 1786 und 1791 entstand dort, wo bisher Wein angebaut wurde, ein **Landschaftspark** nach englischem Vorbild: pralle Natur, bewegte Linien. Hineingefügt wurden kleine Architekturen, künstliche Ruinen, Grotten, Einsiedeleien; auch die alten Winzerhäuser wurden in die Parkgestaltung einbezogen. Der Park war mit einer hohen Mauer umgeben, die dem König ungebetene Besucher vom Leibe hielt.

Der Neue Garten, wie wir ihn heute sehen, ist ein Werk des großen Gartenkünstlers **Peter Joseph Lenné**, der in den dreißiger Jahren des 19. Jahrhunderts den damals zugewucherten Park ausdünnte, das Wegesystem neu ordnete und Sichtbeziehungen in die nähere und weitere Umgebung schuf.

## 1 Die Gotische Bibliothek

An der Südspitze des Heiligen Sees steht ein Gartenpavillon im neogotischen Stil, die Gotische Bibliothek. Das zweigeschossige Gebäude aus dem Jahr 1792 besitzt eine Aussichtsplattform mit einem faszinierenden Blick über den See. In ihrem Inneren befanden sich über einhundert Jahre lang etwa eintausend Bücher.

*Gotische Bibliothek*

## 2 Das Holländische Etablissement

Nun führt ein Weg am Ufer des Heiligen Sees zu Gebäuden im holländischen Stil. Vier Kavaliershäuser, ein Pferdestall, eine Remise für die Kutschen und ein Damenhaus – alle aus rotem Ziegel mit holländischen Giebeln, ein weiterer Beleg für die traditionelle Verbindung der Hohenzollern mit Holland. Das **Kavaliershaus** mit dem fantasievollen Vorbeet wurde zu Zeiten von König Friedrich Wilhelm II. Damenhaus genannt. Wie es hieß, präparierten sich in dem hübschen holländischen Haus die Favoritinnen der Nacht für ihren Auftritt beim König. Die Amouren des „dicken Wilhelm", wie die Potsdamer ihren Regenten nannten, waren Stadtgespräch.

*Kavaliershaus*

## 3 Die Orangerie

Gegenüber dem Kavaliershaus steht ein langgestrecktes Gebäude mit einer ägyptisch anmutenden Schaufassade. Vier Säulen tragen eine Sphinx, und neben der Pforte stehen zwei schwarze Götterstatuen. Hinter den hohen Fenstern befindet sich die Orangerie, in der empfindliche Pflanzen den Winter überstehen. Der reich dekorierte Konzertsaal im Mittelteil – der Palmensaal – wird auch heute noch genutzt. König Friedrich Wilhelm II. war ein durchaus begabter Cellist und gab hier selbst Konzerte. Immerhin komponierte Mozart bei seinem Besuch in Potsdam einen Cello-Part in das 1. Preußische Quartett in D-Dur, von dem es heißt, der König habe es uraufgeführt. Vor der Orangerie befindet sich ein sehenswerter Blumen- und Staudengarten.

**Orangerie im Neuen Garten**
zu Veranstaltungen geöffnet

*Orangerie*

*Die Schlossküche*

## 4 Die Schlossküche

Der Weg führt nun an das Ufer des Heiligen Sees. In der Ferne ist die Gotische Bibliothek zu sehen. Auf der anderen Seite des Wassers stehen die schlossähnlichen Villen der Berliner Vorstadt. Ganz nahe und scheinbar ins Wasser hineingebaut, erhebt sich das Marmorpalais, die Sommerresidenz Friedrich Wilhelms II. Der Weg dorthin führt an korinthischen Säulen vorbei, die gleichsam im Boden versinken. Es ist die Schlossküche. Ein unterirdischer Gang führte hinüber zum Marmorpalais. Die beiden benachbarten Gebäude symbolisieren die untergegangene Welt der Antike und ihre Wiederbelebung im Klassizismus.

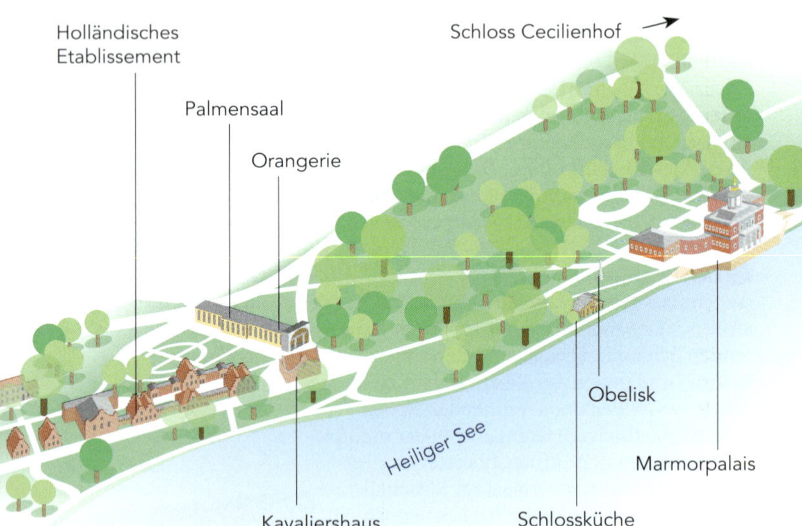

*Gärtnerisches Kunstwerk*
*rechts: Marmorpalais*

## 5 Das Marmorpalais

Wenige Stufen führen hinauf zu einer Plattform vor dem Marmorpalais. Das Schloss ragt mit seiner Terrasse in den Heiligen See hinein. Von hier aus bieten sich herrliche Ausblicke. Zu Lebzeiten Friedrich Wilhelms II. war das Schloss ein relativ kleiner, würfelförmiger Bau. Später wurden seitliche Anbauten hinzugefügt. Deren Fertigstellung erlebte der König allerdings nicht mehr. Vom Aussichtstempel auf dem Dach des Marmorpalais kann man bis zur **Pfaueninsel** sehen.

Das Schloss wurde 1787 innerhalb von drei Jahren im strengen frühklassizistischen Stil errichtet. Entworfen wurde es von **Carl von Gontard**, der bereits am Bau des Neuen Palais im Park Sanssouci beteiligt war. Es ist das Wechselspiel von unverputztem Backstein und edlem Marmor, das die besondere Wirkung des Baus ausmacht. Marmor war für den Bau zunächst genug vorhanden, denn Friedrich II. hatte für seine Schlösser mehr als nötig ankaufen lassen. Als später für die Anbauten erneut Marmor benötigt wurde, gab der König die Einwilligung zum Abriss einer wertvollen Kolonnade im Park Sanssouci.

Die Innengestaltung des Schlosses war einem Architekten anvertraut, der als Schöpfer des Brandenburger Tores in Berlin weltbekannt ist, **C. G. Langhans**. Das Marmorpalais diente nach dem Tod Friedrich Wilhelms II. immer wieder als Wohnschloss für Mitglieder des Hauses Hohenzollern. Der ursprüngliche Charakter der Innenausstattung ist bis heute bewahrt.

*Obelisk vor dem Marmorpalais*

**Marmorpalais**

April Sa–So 10–17.30 Uhr
Mai bis Okt.
Di–So 10–17.30 Uhr
Nov. bis März
Sa–So 10–16 Uhr

Auf der anderen Seite des Heiligen Sees befindet sich die Berliner Vorstadt, Potsdams nobelste Wohnadresse.

**Gedenk- und Begegnungsstätte Leistikowstraße**
April–Okt.
Di–So 14–18 Uhr
Nov.–März
Di–So 13–17 Uhr
Tickets für Führungen
www.leistikowstrasse-sbg.de

*Über dem Eingang zur Pyramide sind geheimnisvolle Freimaurer-Zeichen angebracht.*

*Das Rote Haus am Seeufer*

1945 fiel das Schloss mitsamt dem Park und dem benachbarten Villenviertel (**„Verbotene Stadt"**) unter sowjetische Verwaltung. Eine Gedenkstätte erinnert daran. 1961 übernahm die DDR das Marmorpalais und funktionierte es zum Armeemuseum um. Bis Ende der der 1980er-Jahre war es von Kanonen, einem Flugzeug, einem Schnellboot und anderem Kriegsgerät umgeben.

Nach der schrittweisen Restaurierung, begonnen 1997, ist das Marmorpalais einschließlich der später angebauten Seitenflügel wieder vollständig zugänglich. Das imposante Treppenhaus in der Mitte des Baus – es erhält sein Licht über das Belvedere auf dem Dach –, der **Grottensaal** im Erdgeschoss, der **Musiksaal** darüber sowie die Wohnräume des Königs sind nun wieder zu besichtigen. Die übrigen Räume des Schlosses sind erstaunlich klein. Bemerkenswert ist das „Orientalische Kabinett", ausgestattet mit Diwan und gerafften Zeltplanen.

## 6 Die Pyramide

Auf einer Wiese, nicht weit vom Marmorpalais entfernt, steht eine kleine Pyramide. Malerisch, romantisch im Äußeren, profan im Inneren: Sie diente als Eiskeller. Hier wurden in fünf Metern Tiefe Eisblöcke, die im Winter aus dem Heiligen See entnommen wurden, bis in den Sommer hinein gelagert.

## 7 Das Rote und das Grüne Haus

Weiter geht es am Seeufer entlang. Eine kleine Steigung führt auf den **„Kaninchenberg"**. Von hier sind die Turmspitzen des Babelsberger Schlosses zu erkennen. Das **Rote Haus** am Seeufer vervollständigt den Eindruck einer ländlichen Idylle. Es war, bevor der Neue Garten angelegt wurde, ein Winzerhaus.

Nun folgt das **Grüne Haus**, ebenfalls ein Überbleibsel aus einer Zeit, als hier noch Landwirtschaft betrieben wurde. Eine Sichtachse verläuft über den See hinweg zur Kuppel der Nikolaikirche in der Potsdamer Innenstadt.

Das Nordufer des Heiligen Sees ist bei den Potsdamern als Badeplatz sehr beliebt, zumal der See ein erstaunlich sauberes Wasser hat.

## Die großen Drei – das Potsdamer Abkommen

Generalleutnant Antipenko, Chef der Rückwärtigen Dienste der 1. Belorussischen Front, fragt sich, ob das Ende des Krieges für ihn weniger Schwierigkeiten gebracht hat als die Verpflegung zehntausender Soldaten unter Kampfbedingungen. Auf keinen Fall, denn nun muss er sich um das allgemeine Wohl von drei Männern kümmern. Sie benötigen eine angemessene Unterkunft für sich und ihre umfangreiche Begleitung, einen repräsentativen und zugleich praktischen Konferenzort und einen großen Tisch für ihre Zusammenkünfte. Antipenko ist froh, gleich hinter der Berliner Stadtgrenze, in Potsdam, etwas Geeignetes gefunden zu haben: Schloss Cecilienhof und die Villenkolonie Neubabelsberg. Nur einen ausreichend großen Tisch kann er nirgends finden. Er schickt eine Eilmeldung nach Moskau. Tischler der Möbelwerke „Lux" zaubern in nur wenigen Tagen das begehrte Stück herbei.

Die drei umsorgten Männer sind die mächtigsten der Welt. Der eine ist der Präsident der Vereinigten Staaten von Amerika, Harry S. Truman, der andere der britische Premierminister Winston Churchill und der dritte Partei- und Regierungschef Josef W. Stalin. Als Verbündete in der zweiten Phase des Zweiten Weltkrieges hatten sie sich bereits in Teheran und Jalta getroffen (die USA wurden damals noch durch Präsident Roosevelt vertreten), und nun sollte das besiegte Berlin der Ort eines weiteren Gipfeltreffens sein. Nachdem der Krieg in Europa beendet war, galt es, viele Einzelheiten für die Nachkriegsordnung zu regeln. Zwei Wochen wurden dafür anberaumt. Während dieser Zeit musste Churchill eine Wahlniederlage hinnehmen und seinen Stuhl in Potsdam für den Nachfolger Clement R. Attlee räumen.

Viele Passagen des „Potsdamer Abkommens" wurden später ganz unterschiedlich ausgelegt, über vieles wurde gänzlich der Schleier der Geschichte gelegt. Der beginnende Kalte Krieg machte aus den einstigen Alliierten Gegner. Die Potsdamer Villa, in der der amerikanische Präsident residierte und die daher „Little White House" genannt wurde, war im Übrigen auch der Ort, an dem Präsident Truman die Nachricht vom erfolgreichen Atombombentest in den USA entgegennahm und den Abwurf der Bombe auf japanische Städte befahl.

BUS **603**
**Halt:** ***Schloss Cecilienhof***

**Schloss Cecilienhof**

**Dauerausstellung Potsd. Abkommen**
Die historische Stätte der Potsdamer Konferenz ist bis auf Weiteres wegen Sanierungsarbeiten geschlossen.
Auf Google Arts & Culture können das Schloss und seine Geschichte in virtuellen Rundgängen und digitalen Ausstellungen erkundet werden.

*Innenhof mit Stern*

## 8 Das Schloss Cecilienhof

Wie alle Schlösser in der Potsdamer Landschaft ist auch Cecilienhof ein in Stein geformter Traum. Und auch er handelt von einem Leben mit der Natur. Das Schloss fügt sich ideal in die Landschaft des Neuen Gartens ein. Seine reich gegliederte Fachwerkfassade öffnet sich auf verschiedene Weise zum Park: über Blumengärten, Wiesen und Terrassen. Im Stil eines englischen Landhauses erbaut, weiß es seine tatsächliche Größe geschickt zu verbergen. 180 Räume gruppieren sich um fünf Innenhöfe. Die Ausstattung war luxuriös und – als erstes Schloss in Potsdam – für einen ganzjährigen Aufenthalt bestimmt. Cecilienhof überrascht mit immer neuen Details. Dazu gehören auch die 55 Schornsteine, von denen keiner dem anderen gleicht. Ein Rundgang um das Schloss lässt noch mehr entdecken.

Gebaut wurde Schloss Cecilienhof in den Jahren von 1913 bis 1917, also bis in den Ersten Weltkrieg hinein. Kaiser Wilhelm II. ließ das Schloss für seinen erstgeborenen Sohn, den Kronprinzen Wilhelm, und dessen Gemahlin Cecilie (daher der Name des Schlosses) errichten. In Potsdam fragte man sich, warum zu den 13 funktionsfähigen Schlössern noch ein weiteres hinzukommen musste. Ein Jahr nach Fertigstellung brach die Monarchie in Deutschland zusammen, der Kaiser floh nach Holland. Sein Sohn durfte 1923 nach Potsdam zurückkehren und erhielt in dem inzwischen vom Staat enteigneten Schloss ein Wohnrecht auf Lebenszeit.

Am Ende des Zweiten Weltkrieges floh der Ex-Kronprinz mit seiner Familie vor der herannahenden Roten Armee. Drei Monate später wehte über dem Schloss die Flagge der Sowjetunion, wurde im Eingangshof ein roter Stern aus Blumen gepflanzt und zogen Putzkolonnen durch die Räume, um sie für die Staats- und Regierungschefs der Siegermächte herzurichten. Schloss Cecilienhof war zum Ort der Weltpolitik geworden. Mit dem hier abgeschlossenen **Potsdamer Abkommen** wurde u.a. das Nachkriegsschicksal Deutschlands besiegelt. Der Verhandlungssaal mit dem großen runden Tisch sowie die Arbeitsräume der drei Delegationen sind noch im Originalzustand vorhanden.

Das Schloss Cecilienhof ist groß genug, um heute gleichzeitig als Nobel-Hotel, Dauerausstellung über das Potsdamer Abkommen und Museum für die kronprinzlichen Privatgemächer zu dienen. Allerdings wird das Haus umfassend saniert und ist daher nicht zugänglich. Fotos der Namensgeberin zeigen eine bildhübsche junge Frau. Im Laufe der Jahre hatte Cecilie jedoch immer häufiger Grund, sich über die Eskapaden ihres Gatten zu beklagen. Nach 1945 gingen sie getrennte Wege.

*Die Familienwappen des Kronprinzenpaares über dem Schlosseingang*

*Der Konferenzsaal im Schloss Cecilienhof*

**Schloss Cecilienhof**

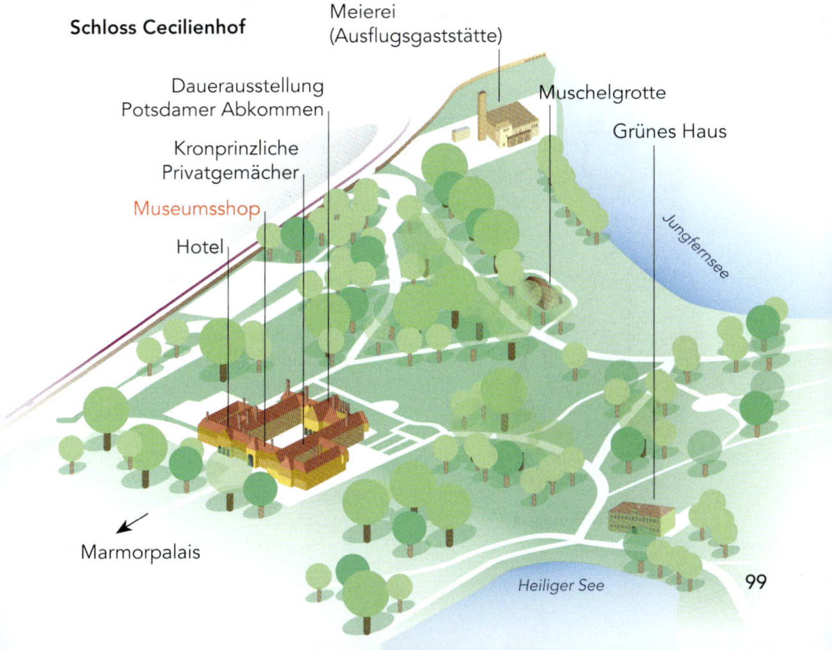

Meierei (Ausflugsgaststätte)
Dauerausstellung Potsdamer Abkommen
Kronprinzliche Privatgemächer
Museumsshop
Hotel
Muschelgrotte
Grünes Haus
Jungfernsee
Heiliger See
Marmorpalais

## Die Garnisonstadt Potsdam

Als die „Langen Kerls" im Sommer 1713 in die Stadt einmarschieren, beginnt für Potsdam eine über 280-jährige Zeit als Soldatenstadt. Sie wird zum Standort wichtiger Gardeformationen der preußischen Armee. Von hier gehen die entscheidenden Impulse für die militärische Entwicklung im Land aus. Mehrfach ist Potsdam jedoch auch von fremden Truppen besetzt: im Siebenjährigen Krieg 1760 für wenige Tage, ab 1806 durch Napoleon für einige Jahre und von 1945 bis 1993 als wichtiger Standort der Sowjetarmee.

Während es anfangs noch üblich war, Soldaten in Privathäusern einzuquartieren, wuchsen vor allem im 19. Jahrhundert die großen Kasernenkomplexe wie Pilze aus dem Boden – gerade im Potsdamer Nordosten. Neben Unterkünften gehörten dazu auch Ställe, Reithallen und Kasinos. Einige dieser Bauten haben inzwischen ein modernes Innenleben erhalten u.a. als Theater, Büros und Hightech-Center. Zum Soldatenalltag gehörten vor allem die Exerzierplätze. In Potsdam befanden sie sich ursprünglich in unmittelbarer Nähe der Schlösser. Militärische Übungsplätze waren weiter außerhalb – zum Beispiel im Bornstedter Feld. Dort ist heute ein moderner Volkspark, gestaltet vor allem für die aktive Erholung (siehe S.115).

In den Garderegimentern fanden sich häufig jene Typen, die in der ganzen Welt als „preußische Leutnants" belächelt wurden: dümmlich, arrogant und meist von Adel. Deren siegreichste Schlachten fanden vor allem auf dem Tanzparkett statt.

In einem Uniformgeschäft im Holländischen Viertel Potsdams nahm die Geschichte des „Hauptmanns von Köpenick" ihren Anfang, die die Allmacht des Militärs in Preußen weithin der Lächerlichkeit preisgab. Der arbeitslose Schuster Voigt besorgte sich hier einen Uniformmantel und fuhr nach Berlin. Als angeblicher Hauptmann scharrte er ein paar Soldaten um sich und fuhr mit ihnen nach Köpenick, um sich dort vom Bürgermeister die Stadtschatulle aushändigen zu lassen. Und er bekam sie. Der Militärmantel machte es möglich. Über Preußens Blamage lacht man noch heute.

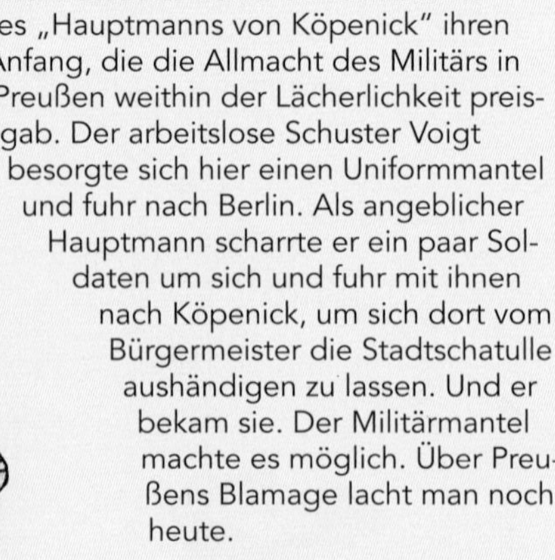

*Aus der satirischen Zeitschrift „Simplizissimus"*

## Tour 6: Entlang der Havel nach Glienicke

⏱ **ca. 1 Stunde**

**BUS 603**
**Halt: *Höhenstr.***

### 1 Die Meierei

Als der Neue Garten angelegt wurde, beließ man ein Areal am nördlichen Ende in havelländischer Unberührtheit. Hier weideten die Kühe, deren Milch in der königlichen Meierei verarbeitet wurde. Gelegentlich kam der Monarch in diese Idylle, um einen Becher frische Milch zu trinken. Rund 50 Jahre später entstand hier ein Pumphaus für die Wasserversorgung der Parkanlagen, mit dem Äußeren einer normannischen Burg. Später änderte sich die Bestimmung des Gebäudes noch einmal. Es wurde zur beliebten Ausflugsgaststätte. In den Jahren der Berliner Mauer befand sich die Meierei – so wurde der Bau nach wie vor genannt – im Grenzstreifen und war für keinen Gast zugänglich. Vollständig restauriert, ist sie wieder ein beliebtes Ausflugsziel. Sie hat sogar eine eigene Brauerei. Von der Terrasse aus hat man einen unvergesslichen Blick über die Seenlandschaft.

*Im Sudhaus der Alten Meierei*

### 2 Die Muschelgrotte

An der Meierei beginnt ein Uferweg, der sich am Jungfernsee entlangschlängelt und immer wieder zu herrlichen Ausblicken einlädt. Zwischen 1961 und 1989 war die Sicht auf den See durch einen hohen Gitterzaun versperrt.

*Fotos oben: Glienicker Brücke, Meierei im Neuen Garten*

*Muschelgrotte*

Immerhin, die Erbauer der Berliner Mauer hatten hier darauf verzichtet, die berüchtigten Betonplatten zu montieren.

Der Uferweg führt vorbei an einer künstlichen Grotte, dort, wo der Blick über den See am schönsten ist. Sie diente König Friedrich Wilhelm II. als Rastplatz für gesellige Stunden. Drei Räume befanden sich in dieser **Muschelgrotte**, die mit wertvollsten Materialien ausgestattet war. Sie wird zur Zeit restauriert.

### 3 Die Einsiedelei

Der Uferweg ist am Quapphorn angelangt. Der Blick geht über den Jungfernsee zum Königswald. Der mit Eichenborke verkleidete Pavillon war eine der typischen Kleinarchitekturen des Neuen Gartens. Von Grenzsoldaten einst abgerissen, wurde die „Einsiedelei" 2007 mit Spendengeldern wieder errichtet.

Ein Stück weiter folgt eine Landenge zwischen Jungfern- und Heiligem See. Hier tut sich eine der spektakulärsten **Sichtachsen** in der Potsdamer Kulturlandschaft auf: zwischen dem Marmorpalais auf der einen und der Pfaueninsel mit dem weißen Schloss und seinen zwei Türmen auf der anderen Seite.

**Sichtachsen**: *Sichtbeziehungen zwischen markanten Punkten in der Landschaft ergeben das von P. J. Lenné geschaffene, einzigartige Potsdamer Parkpanorama.*

### 4 Die Matrosenstation Kongsnaes

Der Neue Garten endet am Hasengraben, der den Heiligen See mit der Havel verbindet. Auf der Rasenfläche entlang der Schwanenallee verlief von 1961 bis 1989 die Mauer. Der

### Historischer Ort: Die Heilandskirche

Zwischen der Sacrower Heilandskirche und der Matrosenstation wurde 1897 erstmals in Deutschland eine Nachricht drahtlos übertragen. Der Pionier der Radiotechnik Adolf Slaby hatte für seine Versuche am Campanile die Sendeantenne befestigt und am Fahnenmast der Matrosenstation die Empfangsantenne. Bereits ein Jahr später initiierte er die Einrichtung der ersten Fabrik für Radioapparate auf dem Kontinent. Am Turm der Heilandskirche erinnert eine Tafel an die frühen Tage der Funktechnik.

*Die Schwanenallee*

Weg führt zu einem mit nordischen Schnitzereien verzierten Holztor, das die Inschrift „Kongsnaes“ trägt. An dieser Stelle ist das Ufer festungsartig ausgebaut. An der Straße stehen Holzhäuser im norwegischen Stil. Das alles sind Überbleibsel der Matrosenstation aus dem Jahr 1895, Liegeplatz für die kaiserlichen Jachten. Kaiser Wilhelm II., der alljährlich zu einer Schiffstour in die norwegischen Fjorde aufbrach, holte sich damit einen Hauch Nordland an die Havel. Am anderen Ufer der Havel zieht das Casino im Schlossgarten Glienicke die Blicke auf sich.

**„Royal Louise“**, der verkleinerte Nachbau einer Fregatte, den das britische Königshaus dem preußischen zum Geschenk gemacht hatte, kreuzt auf der Havel zwischen Potsdam und Berlin.

### 5 Villa Schöningen

Kurz vor der Glienicker Brücke steht eine weiße Villa im italienischen Stil. Ähnliche Häuser gibt es noch mehrere in Potsdam. Der italienbegeisterte Preußenkönig Friedrich Wilhelm IV. förderte in den 1840er-Jahren alles, was mehr mediterranes Flair an die Havel bringen konnte, und sein Architekt Ludwig Persius führte es aus. So auch die Villa für den königlichen Hofmarschall Kurd Wolfgang von Schöningen. Zu DDR-Zeiten diente sie als Kinderheim – vom alten Glanz der Villa war da schon nicht mehr viel übrig. Die Villa Schöningen war das letzte Potsdamer Haus vor der Glienicker Brücke. Mit dem Mauerbau geriet es völlig in deren Schatten. Die Betonplatten der Grenzanlagen versperrten die Sicht auf die nur wenige Schritte entfernte Havel. Nach dem Mauerfall stand das Haus lange Zeit leer, der Verfall schritt voran. Eine private Initiative rettete das Gebäude und richtete darin ein Museum mit der Dauerausstellung „Spione. Mauer. Kinderheim – An der Brücke zwischen den Welten“ ein. Außerdem finden hier Kunstausstellungen statt, die sich im weitesten Sinne mit Freiheit und Unfreiheit auseinandersetzen.

**Villa Schöningen** ♿
Sommerzeit:
Fr–So 12–18 Uhr
Winterzeit:
Fr–So 11–17 Uhr

*Villa Schöningen*

## Die Glienicker Brücke und die Agenten

Auf beiden Seiten der Glienicker Brücke stehen sich an einem Februarmorgen des Jahres 1962 wartend und frierend kleine Gruppen von Zivilisten und Militärs gegenüber. Auf der einen Seite spricht man russisch, auf der anderen amerikanisches englisch, man beobachtet sich mit Ferngläsern. Auf jeder Seite ist ein Mann mit Sonnenbrille auszumachen. Alle gemeinsam warten auf ein Signal, auf das sich die beiden Sonnenbrillenträger hin in Bewegung setzen und auf die jeweils andere Brückenseite hinüberlaufen. Wenn sie den weißen Strich auf der Mitte der Brücke überschreiten, wechseln sie auf die andere Seite des Eisernen Vorhangs.

Mit dem Austausch des zu 30 Jahren verurteilten Chefs der sowjetischen Spionage in den USA, Rudolf I. Abel, gegen den Piloten eines über dem Ural abgeschossenen USA-Spionageflugzeuges begann für die Glienicker Brücke eine Karriere als Ort, an dem Spione, aber auch politisch Verfolgte durch Austausch vorzeitig aus der Haft entlassen wurden. Von DDR-Seite wurde sie „Brücke der Einheit" genannt. Sie ist bis heute ein besonderes Symbol für den Kalten Krieg.

Die Glienicker Brücke eignete sich für die insgesamt drei Austauschaktionen deshalb besonders gut, weil sie als Grenzübergang im Alltag nur eine untergeordnete Rolle spielte. Es waren vor allem Diplomaten und Angehörige der in Potsdam angesiedelten westalliierten Militärmissionen, die diesen Übergang nutzten. Zudem ließ sich in der zwischen Berlin und Potsdam gelegenen Seenlandschaft leicht die gewünschte Diskretion wahren. Praktisch über Nacht verlor die Glienicker Brücke ihre besondere Funktion. Mit der Maueröffnung 1989 bemächtigten sich die Potsdamer Bürger wieder ihrer Brücke und strömten nach West-Berlin. Inzwischen erinnert ein Denkmal an dieses Ereignis.

*Foto: Modell der Grenzanlagen auf der Glienicker Brücke*

## 6 Die Glienicker Brücke

Über die einstige Holzbrücke über die Havel bei Glienicke führte die erste künstlich angelegte Chaussee Preußens. Sie verband die Residenzstädte Berlin und Potsdam. Ab 1834 war sie aus Stein mit einer Zugvorrichtung in der Mitte für die Segelschiffe. Aber auch diese Brücke war bald zu klein und wurde 1907 durch die jetzige 148 Meter lange Stahlkonstruktion ersetzt. Sie ist ein eindrucksvoller Aussichtspunkt: im Hintergrund die Sacrower Heilandskirche, im Vordergrund der Glienicker Schlosspark und auf der anderen Seite – besonders schön in der Abendsonne – das Schloss Babelsberg.

**Tram 93 BUS 316**
**Halt: *Glienicker Brücke***

## 7 Schloss und Schlossgarten Glienicke

Im Gegensatz zu seinen beiden älteren Brüdern brachte es Prinz Carl von Preußen niemals zu königlichen Ehren. Sein Glienicker Schloss mit dem umgebenden Park aber gehören zu den Perlen der Potsdamer Kulturlandschaft – auch wenn es sich heute auf Berliner Gebiet befindet. Zur Zeit des Prinzen hatte die Stadtgrenze von Berlin die Havel allerdings noch lange nicht erreicht.

Wie auch im Park Charlottenhof entstand der Schlossgarten Glienicke in glücklicher Zusammenarbeit des Architekten Karl Friedrich Schinkel und des Landschaftsgestalters Peter Joseph Lenné. Und wiederum war Italien das große Vorbild. 1824 begann Lenné einen sanft hügeligen Park anzulegen mit Wiesen und Baumgruppen und den typischen Sichtachsen in alle Richtungen. Jahrzehnte hat er an diesem Meisterwerk gearbeitet.

**Schlossgarten Glienicke**
täglich von 8 Uhr bis zum Einbruch der Dunkelheit geöffnet

Besonderheit am Havelufer: Der Wunderlauch, auch Berliner Bärlauch genannt, wurde vor über 100 Jahren im Botanischen Garten von Berlin angepflanzt. Er hat sich seitdem äußerst rasant ausgebreitet.

**Schloss Glienicke mit Hofgärtnermuseum**
April bis Okt.
Di–So 10–17.30 Uhr
Nov. bis März
Sa, So, feiert. 10–16 Uhr
Besichtigung nur mit Führung

**Stibadium:** *große steinerne Parkbank, meist an Brunnen und Aussichtspunkten*

Ein Ensemble von Gebäuden schafft eine heitere, mediterrane Atmosphäre – so, wie man sich Italien in seinen schönsten Träumen vorstellt. Dazu gehört ein Schloss im italienischen Stil, ein Casino in herrlicher Lage am Wasser, Aussichtspavillons und zahlreiche Wirtschaftsgebäude. Das Schloss beherbergt Europas einziges Hofgärtnermuseum. In der Remise befindet sich ein beliebtes Restaurant.

Orangerie
Gartenpavillon „Große Neugierde"
Klosterhof
Schloss Glienicke (mit Museum)
Casino
Stibadium
Blick zur Sacrower Heilandskirche
Berlin
Potsdam
Blick zum Schloss Babelsberg
Glienicker Brücke
Gartenpavillon „Kleine Neugierde"
Jagdschloss Glienicke

*Schloss Glienicke*

# Unterwegs zur Pfaueninsel

An der Glienicker Brücke beginnt ein Uferweg, der havelaufwärts zum Berliner Wannsee führt. Er verläuft durch UNESCO-Weltkulturerbe und kommt an Sehenswürdigkeiten und zwei traditionsreichen Ausflugsgaststätten vorbei. Der Weg führt unterhalb des Casinos am Schlosspark und dann am wild-romantischen Schlossgarten Glienicke vorbei. Stellenweise steigt die Landschaft neben dem Weg steil an. Über eine der Schluchten führt die „Teufelsbrücke", halb aus Holz, halb aus Stein gebaut. Von diesem Uferweg ergeben sich eindrucksvolle Aussichten zur Sacrower Heilandskirche, die auf dem Wasser zu schweben scheint.

Hinter einer Biege taucht mitten im Wald ein **Forsthaus** im alpenländischen Stil auf. König Friedrich Wilhelm IV. ließ es zur Freude seiner bayerischen Gemahlin 1840 errichten. Seit über 100 Jahren ist es eine beliebte Ausflugsgaststätte. Hoch über der Havel steht ein kurzes Wegstück weiter eine Kirche. Ihre Zwiebeltürme lassen russische Vorbilder erahnen, ebenso das Blockhaus gleich nebenan. Sechs Jahre vor dem Bau der russischen Siedlung Alexandrowka in Potsdam entstand dieses Refugium. In der Kirche wird seit jeher der heimische evangelische Glauben gepredigt.

Nun ist die Fährstation an der **Pfaueninsel** nicht mehr weit. Die Insel mitten in der Havel wurde unter König Friedrich Wilhelm II. um 1795 zu einem Landschaftspark gestaltet, der – wie auch der Neue Garten – eine Reihe von Parkarchitekturen enthält. Bis nach Potsdam hinein sichtbar ist das Weiße Schloss, das eine Ruine zwischen zwei Rundtürmen vortäuscht. Hier begrüßen die Wahrzeichen der Insel die Besucher: die frei laufenden Pfaue.

*Das Weiße Schloss auf der Pfaueninsel*

Ende Mai bis Ende Okt.
Di–So 10–17.30 Uhr

BUS **218** ab Bhf Wannsee
**Halt: *Pfaueninsel***

*Wirtshaus Moorlake*

Eine kleine Personenfähre, fährt alle 15–20 Min zur Pfaueninsel
März bis Oktober
Mo–So 10–18 Uhr

## Potsdam im Kalten Krieg

Potsdam, Schauplatz des letzten Gipfeltreffens der alliierten Mächte des Zweiten Weltkrieges, spielt auch in den nachfolgenden Jahren eine wichtige Rolle am Eisernen Vorhang des Kalten Krieges. Die Stadt grenzt direkt an den amerikanischen (Bezirk Zehlendorf) und – im Norden – an den britischen Sektor (Bezirk Spandau) von Westberlin. Bis zum Mauerbau gibt es eine S-Bahn-Verbindung von Potsdam, durch Westberlin hindurch, nach Ostberlin.

Die Grenze verlief zum größten Teil entlang der Havel bzw. ab Glienicker Brücke entlang des Teltower Kanals bzw. des Griebnitzsees. Mauer und Stacheldraht verbauten die Sicht auf die Havel. Stark betroffen davon waren auch Potsdams klassische Parks. Dem 30 bis 70 Meter breiten Grenzstreifen fielen im Neuen Garten und im Park Babelsberg insgesamt fast 30 Hektar Parkfläche zum Opfer. Ein besonderes Schicksal hatte die Heilandskirche nordöstlich von Potsdam. Dieses Kleinod in der Potsdamer Kulturlandschaft stand 28 Jahre lang im Niemandsland zwischen Mauer und Seeufer.

Obwohl Potsdam ein Grenzort war, gab es hier keinen Grenzübergang für Normalbürger. Westberliner, die mit Tagespassierschein Potsdam besuchen wollten, mussten über einen der Übergänge in der Berliner Innenstadt einreisen und dann die rund einstündige Bahnfahrt um Westberlin herum zum damaligen Potsdamer Hauptbahnhof auf sich nehmen. Eine Besonderheit der Grenzsituation waren die Exklaven auf dem jeweils anderen Gebiet. So war der zu Westberlin gehörende kleine Ortsteil Steinstücken völlig von DDR-Gebiet umgeben und konnte zeitweise nur durch die Luft versorgt werden. Umgekehrt war Klein Glienicke von drei Seiten von Westberlin umschlossen. Die Bewohner besaßen einen besonderen Passierschein für den Weg von ihrer Wohnung nach Potsdam.

Weltweit bekannt wurde die Glienicker Brücke. 1945 von Wehrmachtsangehörigen gesprengt und 1949 wiederhergestellt, erhielt sie den Namen „Brücke der Einheit". Dieser bewahrte sie nicht davor, ein Symbol der Spaltung zu werden. 1961 wurde sie von DDR-Seite aus abgeriegelt. Offen blieb sie nur als Grenzübergang für Angehörige der alliierten Besatzungsmächte und Diplomaten. Als Ort von drei Agentenaustausch-Aktionen errang sie weltweite Berühmtheit (S. 104).

Potsdams spezielle Lage in unmittelbarer Berlin-Nähe und dennoch nicht dem besonderen Besatzungsrecht der 4-Mächte-Stadt unterworfen, machten die Stadt zu einem regelrechten Agentennest. Zwischen dem Pfingstberg und dem Neuen Garten bestand zwischen 1945 und 1994 das „Militärstädtchen Nr. 7", von den Potsdamern „Verbotene Stadt" genannt. Hier bekamen die Straßen russische

Die Glienicker Brücke zur Zeit des Kalten Krieges

Namen, es gab eigene Geschäfte und eine Poliklinik. Kontakte nach außen waren unerwünscht, denn hier residierte die Deutschlandzentrale der sowjetischen Militärspionageabwehr. Im Haus Leistikowstraße 1 informiert die Dauerausstellung „Sowjetisches Untersuchungsgefängnis Leistikowstraße Potsdam" über die Geschichte des Haftortes und das Schicksal der Häftlinge. Sie ist Di–So 13–17 Uhr geöffnet.

Zur Geschichte des Kalten Krieges gehören auch die Militärverbindungsmissionen, die jede der vier alliierten Mächte in der jeweils anderen Besatzungszone unterhielt. Zunächst als „vertrauensbildende Maßnahme" gedacht, entwickelten sie sich nach und nach in Spionagezentralen mit quasi diplomatischem Status. Von hier aus brachen Kundschafter zu Spähfahrten auf, um die Kampfkraft des anderen unter Beobachtung zu halten. Obwohl ihnen das Betreten militärischer Anlagen verboten war, kam es dort immer wieder zu Zwischenfällen. Die Verbindungsmissionen der West-Alliierten auf sowjetisch kontrolliertem Gebiet befanden sich alle in Potsdam. Sie belegten Villen in Fahrland (USA) und am Heiligen See (Großbritannien und Frankreich).

Natürlich war in Potsdam auch die Stasi präsent. Der DDR-Geheimdienst unterhielt hier eine Bezirksverwaltung, die vor allem in einem Karree zwischen Hegelallee und Jägerstraße untergebracht war. Als Untersuchungsgefängnis diente eine alte kaiserliche Haftanstalt in der Lindenstraße 54, einem Bau in der historischen Innenstadt Potsdams. Heute ist es die „Gedenkstätte Lindenstraße für die Opfer politischer Gewalt im 20. Jahrhundert". Sie ist Di–So 10–18 Uhr geöffnet.

Nach dem Fall der Mauer im November 1989 wurden die Grenzanlagen zügig abgebaut und geschliffen. In der Nähe des Bahnhofs Griebnitzsee erinnert noch ein kurzes Mauerstück an die Zeit des Kalten Krieges. Der Mauer-Radweg gibt heute einen Eindruck vom ungefähren Verlauf der Grenzanlagen. Dieser gut ausgeschilderte Radweg ist nicht nur für Geschichtsinteressierte ein Erlebnis, sondern bietet auch schöne Ausblicke auf die Havellandschaft.

## Tour 7: Über den Pfingstberg zur Kolonie Alexandrowka

**ca. 1,5 Stunden**

**BUS 603**
**Halt: *Höhenstr.***
**Tram 92, 96**
**Halt: *Puschkinallee***

**Belvedere Pfingstberg**
März
Sa, So 10–16 Uhr
April bis Juni und Okt.
Mo, Mi–Fr 10–17 Uhr
Sa, So 10–18 Uhr
Juli bis Sept.
Mo, Mi–Fr 10–17 Uhr
Sa, So 10–19 Uhr
Nov.–Febr. geschlossen
www.pfingstberg.de

*Fotos oben: Kolonie Alexandrowka, Belvedere auf dem Pfingstberg*

### 1 Das Belvedere auf dem Pfingstberg

Mit seinen nicht einmal 80 Metern ist der Pfingstberg die höchste Erhebung im Potsdamer Stadtgebiet. Als wäre das nicht genug, trägt er auf seinem Gipfel auch noch die höchsten Aussichtstürme Potsdams. Vom Nordausgang des Neuen Gartens geht es vorbei an Villen und einer Kleingartenanlage. Dort biegt der Weg links ab und führt an einem **historischen Wasserbehälter** und einer Villa im italienischen Stil vorbei zum Belvedere auf dem Pfingstberg.

Ein **Laubengang** umgibt den Vorplatz, von dem aus sich das Panorama der Anlage ausbreitet: zwei Türme, Kolonnadengänge und viaduktartige Verbindungen sind um zwei Höfe gruppiert. So monumental das Belvedere auf den Betrachter wirkt – es ist nur ein Fragment dessen, was einst hier geplant war.

Preußenkönig Friedrich Wilhelm IV., der „Romantiker auf dem Königsthron", hatte sich eine gewaltige Wasserkaskade ausgedacht, die bis ins Tal am Neuen Garten reichen sollte. Eine gigantische Spielerei, der der Tod des Monarchen ein frühzeitiges Ende setzte. Der Bau geriet in Vergessenheit, zu Zeiten der Berliner Mauer war er – angesichts seiner strategischen Lage – sogar militärisches Sperrgebiet und wurde vollends zur Ruine. 1988 begannen engagierte Potsdamer mit ersten Erhaltungsarbeiten. Spenden verhalfen in den vergangenen Jahren dem Belvedere zu einem neuen Leben und Potsdam zu einer neuen Attraktion.

Das Belvedere enthält nur zwei Räume: das maurische und das römische Kabinett. Von der kostbaren Innenausstattung ist aber kaum noch etwas zu erahnen. Von diesen Räumen aus führen gusseiserne Wendeltreppen hinauf auf die Türme. Der Blick von hier ist überwältigend. Ganz Potsdam liegt dem Betrachter zu Füßen, in der Ferne das Havelland und Berlin, in der Nähe das einstige militärische Exerziergelände, das zum Volkspark umgestaltet wurde.

Eine multimediale und zweisprachige **Dauerausstellung** stellt die turbulente Geschichte des Pfingstbergensembles dar.

*Innenhof des Belvederes*

**Pomona:** *altitalienische Göttin der Baumfrüchte*

## 2 Der Pomonatempel

Vor dem riesigen steht noch ein kleines Belvedere im Stil eines griechischen Tempels. Karl Friedrich Schinkel, der Protagonist des deutschen Klassizismus, hat es im Alter von 19 Jahren entworfen. Auf der Dachterrasse haben kleine Gesellschaften Platz und können den Ausblick auf Potsdam genießen. 1817 erwarb König Friedrich Wilhelm III. dieses architektonische Kleinod, das nur 30 Jahre später von seinem Sohn so gigantisch übertrumpft werden sollte.

Unterhalb des Pomonatempels zieht sich ein Landschaftspark hinunter zu einem Villen- und Reihenhausviertel. Schwer vorstellbar, dass dieses Areal zwischen 1945 und 1993 hermetisch abgeriegelt war – Potsdams „verbotene Stadt“. Hier residierte eine Auslandszentrale des sowjetischen Geheimdienstes KGB.

**Pomonatempel**
Ostern bis Okt.
Sa, So, feiertags
14 – 17 Uhr

**Jüdischer Friedhof**
Mi, Do, So
Mai–Sept. 10–16 Uhr
Okt.–April 10–13 Uhr

## 3 Der Jüdische Friedhof

Die Tour verlässt das Plateau des Pfingstberges auf der Westseite durch ein Portal des Belvedere. Nach wenigen Metern bergab ist eine Friedhofsmauer erreicht. Dahinter befindet sich Potsdams Jüdischer Friedhof. Er wurde 1743 angelegt und beherbergt rund 530 Grabstellen, einige sogar noch aus dem Gründungsjahr. Die Trauerhalle wurde 1912 erbaut. Außerhalb der Öffnungszeiten ist ein Blick über die Friedhofsmauer möglich.

*Der Jüdische Friedhof*

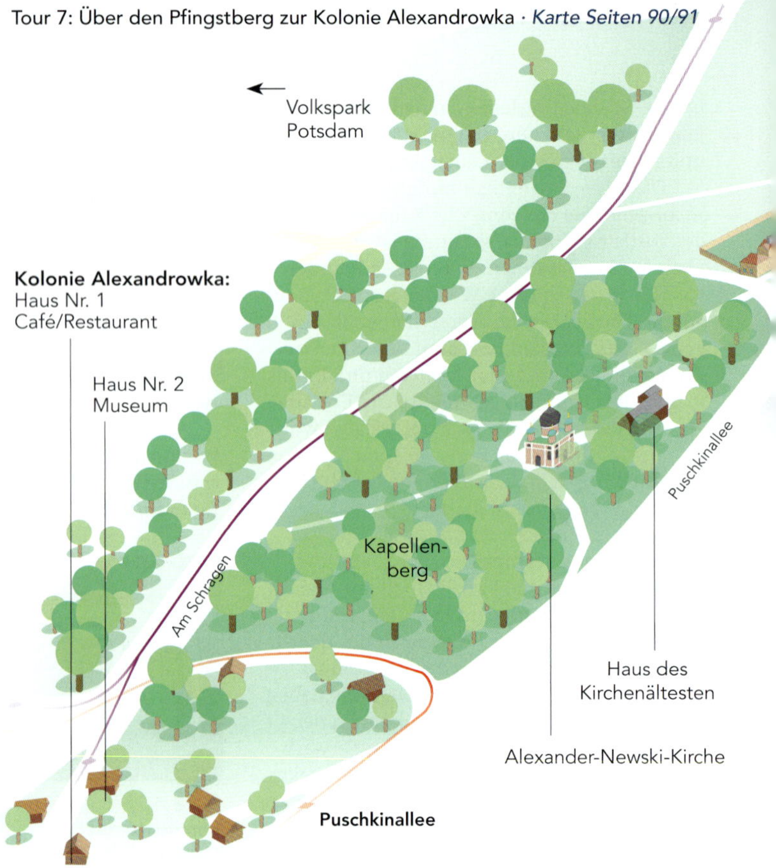

← Volkspark Potsdam

**Kolonie Alexandrowka:**
Haus Nr. 1
Café/Restaurant

Haus Nr. 2
Museum

Am Schragen

Kapellen-
berg

Puschkinallee

Haus des
Kirchenältesten

Alexander-Newski-Kirche

**Puschkinallee**

*Alexander-Newski-Kirche*

## ④ Die Alexander-Newski-Kirche

Wie aus einer anderen Welt tauchen zwischen den Bäumen die Zwiebeltürme der Alexander-Newski-Kirche auf. Dieses russisch-orthodoxe Gotteshaus gehört zur Kolonie Alexandrowka. Grabsteine auf dem kleinen Friedhof rund um die Kirche zeigen kyrillische Inschriften. Der kleine, quadratische Bau wurde 1829 im Beisein von Zar Nikolaus geweiht. Die Baupläne stammten original aus Russland und wurden von Karl Friedrich Schinkel mit klassizistischen Elementen versehen. Im Inneren ist die Kirche reich mit Ikonen ausgeschmückt. Die Kirche kann besichtigt werden, auch während der sonntäglichen Gottesdienste. Das Blockhaus neben der Kirche dient traditionell dem Priester als Unterkunft. Es enthielt ursprünglich eine Teestube für den König.

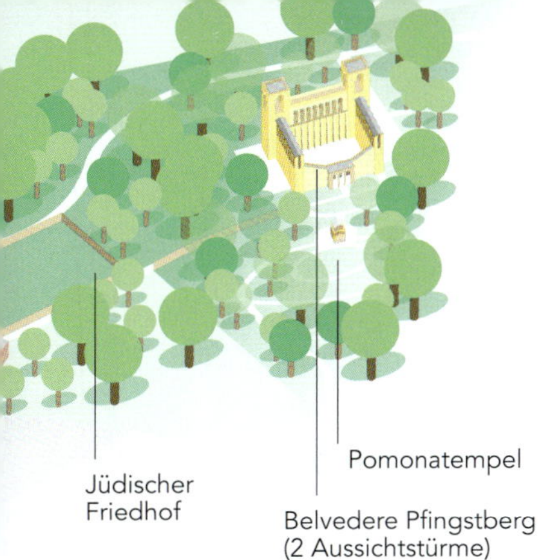

*Café Alexandrowka*

## 5 Die Kolonie Alexandrowka

Noch einmal geht es bergab – und schon ist die Kolonie Alexandrowka erreicht. Auf einer ovalen Fläche verteilt, finden sich zwölf Gehöfte. Die darauf stehenden Blockhäuser sind zwar Attrappen, aber dennoch stilecht bis ins Detail. Der Gartenkünstler Peter Joseph Lenné hat die Siedlung in der Form eines russischen Andreaskreuzes entworfen. Preußische Sparsamkeit hat allerdings die Errichtung der Bauten in original Blockhaus-Bauweise verhindert. Stattdessen sind es die damals in Preußen üblichen Fachwerkbauten, die hier mit dunklen Brettern verkleidet wurden.

Jedes Gehöft ist von einem großen Garten umgeben, auf dem reichlich Obst und Gemüse angebaut werden kann. Da die ersten Bewohner allesamt russische Sänger im 1. Garderegiment zu Fuß waren, galt die Siedlung als militärische Anlage und war streng bewacht.

Im **Haus Nr. 2** befindet sich ein kleines Museum. Hier kann man ein Kolonistenhaus von innen erleben. Man kann in Küche und Stube schauen und sich ein Bild von den einfachen Lebensverhältnissen der damaligen Zeit machen. Es sind Dokumente ausgestellt, die die engen – auch verwandtschaftlichen – Beziehungen zwischen dem preußischen und dem russischen Herrscherhaus bezeugen.

Wenige Meter weiter, im **Haus Nr. 1**, bittet ein russisches Restaurant zu Pelmeni, Borschtsch, Kwas und all die anderen Spezialitäten – freundlich serviert von echten Russinnen. Hier klingt die Tour aus.

**Museum Alexandrowka**
Russische Kolonie 2 ♿
März
Sa, So 10–18 Uhr
April bis Okt.
Do–Di 10–18 Uhr
www.alexandrowka.de

Tram **92, 96**
**Halt:** ***Puschkinallee***
BUS **603, 604, 609, 638**
**Halt:** ***Reiterweg/Alleestr.***

Volkspark
Potsdam
Sportanlagen
Spielplatz
Grillplatz
Café
WC Toilette
Eingang
(eintrittspflichtiger Bereich)
Tram-Haltestelle
Bus-Haltestelle
Streuobstwiese
Bolzplatz
Kletter-
spielplatz
Campus
Jungfernsee
Remisenpark
Viereck-
remise
Holzdeck
Jurten
Disc-Golf-
Parcours
Minigolf
Nedlitzer Str.
Rote
Kaserne
Rote
Kaserne/
Nedlitzer
Str.
Viereckremise
Georg-Hermann-Allee
Allee
Pyramidengarten
Promenade
Erich-Mendelsohn-
Hermann-Mattern-
Wallkreuz
In den Wällen
Schaugärten
Irisgraben
Fußball/
Basketball
Am
Pfingstberg
Haupt-
eingang
Volkspark
Skaten
Rosengarten
Biosphäre
Riesen-
Rutschen
„Basketball"
Waldpark
Wasser-
spielplatz
Kletterwand
Beachvolleyball
Bauminseln
Rhododendron-
hain
Beachvolleyball
Streetball
Großer Wiesenpark
Hannes-
Meyer-Str.
Kiepenheuerallee
Annemarie-
Wolf-Platz
Trampoline
Campus
Fachhochschule
Streuobstwiese
Kleiner Wiesenpark
Am Schragen
Am Schragen
Russische
Kolonie
Pappelallee
Ruinenbergstr.

# Der grüne Norden

## Der Volkspark Potsdam

Nicht weit vom Pfingstberg und der russischen Kolonie „Alexandrowka“ entfernt, befindet sich Potsdams jüngste Parkanlage: der Volkspark Potsdam. Eingebettet in den neuen Stadtteil Bornstedter Feld – ein riesiges ehemaliges Truppenübungsgelände im Norden Potsdams –, verbindet der Volkspark die Grünanlagen von Sanssouci mit dem Pfingstberg und dem Neuen Garten.

Der Volkspark gliedert sich in vier Hauptbereiche: Zentraler Parkteil sind die **Wallanlagen** als markanteste Spuren der einstigen militärischen Nutzung. Im südlichen Teil befindet sich der **Große Wiesenpark** mit seinen Baumhainen und weiten Wiesenflächen, östlich schließt sich der naturbelassene **Waldpark** an, und im nördlichen Teil verläuft der durch alten Baumbestand geprägte **Remisenpark**.

In der 65 Hektar großen Parkanlage finden Familien, Erholungssuchende, Fitness- und Sportbegeisterte und Blumenliebhaber alles für einen erlebnisreichen Tag. Auf dem 4 Kilometer langen Rundweg tummeln sich Jogger, Walker, Spaziergänger, Skater und Radfahrer. Klassiker für die Kleinen sind der **Wasserspielplatz** mit Wasserbecken, Holz-Flößen und „Piratenbooten“, der rustikale Spielplatz „Zick-Zack in die Wipfel“, die Kletterwand und die futuristische Riesenrutsche im Waldpark.

Der Volkspark ist eine Naturoase zu allen Jahreszeiten. Höhepunkte sind Ende Juni die 13.000 blühenden Rosen sowie im Juli die lilafarbenen Blüten des Lavendels, die einen Hauch Provence in den Park zaubern.

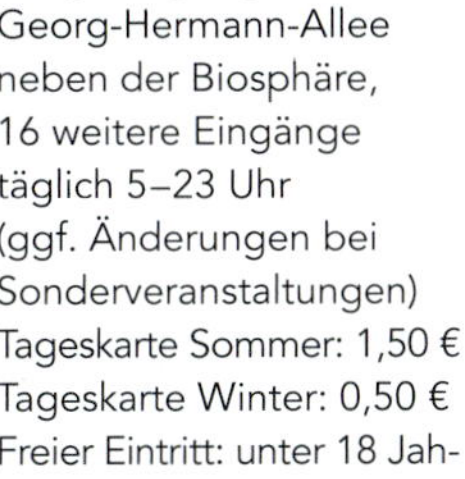

**Volkspark Potsdam** ♿
**Haupteingang:**
Georg-Hermann-Allee neben der Biosphäre,
16 weitere Eingänge
täglich 5–23 Uhr
(ggf. Änderungen bei Sonderveranstaltungen)
Tageskarte Sommer: 1,50 €
Tageskarte Winter: 0,50 €
Freier Eintritt: unter 18 Jahren, ermäßigte Personen

volkspark-potsdam.de

**Tram 96 BUS 638**
**Halt: *Volkspark***

*Die Biosphärenhalle*

Flammend rot glüht im Herbst der wilde Wein an den Wallhängen und schenkt einen leuchtenden Anblick zum Abschluss der Gartensaison.

Bekannt ist der Volkspark Potsdam auch als Open-Air-Veranstaltungsgelände mit einem familienorientierten Kulturprogramm.

Zwischen Mai und Oktober findet alljährlich eine Vielzahl an großen Parkfesten und kleineren Veranstaltungen im Volkspark statt. Und was den Besuchern in den historischen Parks verwehrt bleibt, ist hier im Volkspark Potsdam möglich: „Betreten des Rasens erbeten!"

*Bromelie in der Biosphäre*

## Die Biosphäre Potsdam

Am Eingang des Volkparks steht eine von Deutschlands großen Tropenhallen. Schon zur BUGA 2001 war sie ein Anziehungspunkt für Naturliebhaber. Die Besucher sind zu einer Entdeckungsreise durch die Pflanzen- und Tierwelt der warmen Regionen eingeladen. Die Lufttemperatur von 23° C bis 25° C, ein Wasserfall und zwei Seen, das dichte Grün von über 20.000 Pflanzen, Geräusche des Regenwaldes sowie ein stündliches Gewitter mit Regenschauern und Nebel sorgen für Dschungel-Atmosphäre. Die Halle ist groß genug, um über 14 Meter hohe Bäume wachsen zu lassen.

Während des Rundganges geraten die Besucher in unbekannte Welten: In einer Unterwasserstation beobachten sie die farbenfrohen Fische der Tropen, und auf einem Höhenweg über den Baumwipfeln können sie die Pflanzenwelt aus ungewohntem Blickwinkel genießen.

**Biosphäre Potsdam**
Georg-Hermann-Allee 99
Mo–Fr 9–17 Uhr
Sa, So und feiertags
10–17.30 Uhr
biosphaere-potsdam.de

Weberviertel, Park Babelsberg,
Filmstadt und Wissenschaftsstandort

# Babelsberg

*Der Potsdamer Stadtteil Babelsberg hat viele Gesichter: Siedlerkolonie, Arbeitervorstadt, Villenviertel, Filmstudios und einen Park, der mit seinen Bauten zum Potsdamer Weltkulturerbe gehört. Grund genug, sich hier ausgiebig umzuschauen.*

**Tour 8** führt Sie durch den Park Babelsberg. Erleben Sie Bauten wie aus dem Märchenbuch und genießen Sie die Ausblicke über die Havel.

**Tour 9** macht Sie mit dem eigenwilligen Charme der Babelsberger City bekannt. Sie erfahren manches über böhmische Weber und ihre Siedlung „Nowawes“. Architektur-Interessierte führen wir zu drei Frühwerken des Bauhaus-Meisters Mies van der Rohe.
**Extra:** Filmfreunde bringen wir zur Medienstadt Babelsberg und zum dortigen Filmpark.

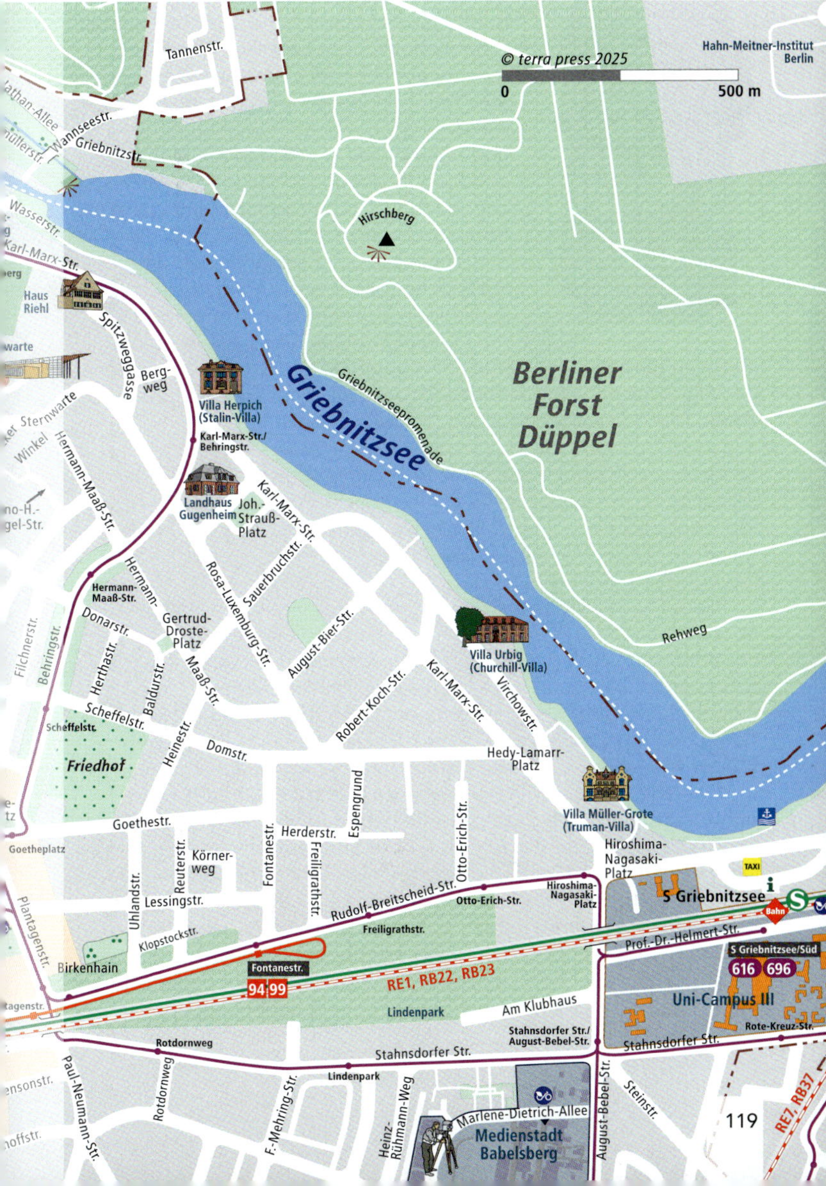

## Wilhelm I.: Prinz – König – Kaiser

Der Besucher hat eine lange Eisenbahnfahrt hinter sich. Von Paris bis nach Potsdam. Am 29. Sept. 1862 ist er in Schloss Babelsberg und führt ein langes Gespräch mit dem König. Dieser glaubt sich am Ende seiner Kraft. Das Parlament hat die Mittel für eine Heeresreform nicht bewilligt. Der König möchte am liebsten abdanken. Der Besucher beruhigt ihn. Er entwirft eine Strategie, wie das Parlament zur Raison zu bringen ist und beeindruckt den König mit einem weitsichtigen Regierungsprogramm. Der Besucher heißt Otto von Bismarck und war dem König von konservativen Politikern als Mann mit immenser Durchsetzungskraft empfohlen worden. Tatsächlich: Bismarck schafft es in wenigen Stunden, den König umzustimmen und sich selbst bis an die Regierungsspitze zu hieven. Auf einer kleinen gusseisernen Brücke in der Nähe des Flatowturms schwört Bismarck dem König die unerschütterliche Treue. Die Brücke heißt heute „Bismarck-Brücke".

Nicht einmal 10 Jahre später ist aus dem preußischen König der deutsche Kaiser geworden. Dank Bismarcks Politik und drei Kriegen. Mit „Blut und Eisen" hatte er das Deutsche Reich aus der Taufe gehoben. Kaiser Wilhelm I. überlebte einen Attentatsversuch und regierte bis 1888.

Dabei hatte Wilhelm als Zweitgeborener eigentlich keinen Anspruch auf den Thron. Erst als sich herausstellte, dass die Ehe seines älteren Bruders Friedrich Wilhelm IV. kinderlos bleiben würde, rückte er auf. Als dann noch der Bruder schwer erkrankte, war die Zeit für die Regentschaft gekommen. Nach drei Jahren hatte der König den Kampf gegen die Krankheit verloren und der jüngere Bruder setzte sich im fernen Königsberg die Krone aufs Haupt.

Das Volk nannte Wilhelm einige Zeit lang den „Kartätschenprinz". Er erwarb sich diesen zweifelhaften Ruhm, als er 1848/49 an der Spitze eines preußischen Heeres in Süddeutschland eine revolutionäre Erhebung im Blut erstickte. In seinem Babelsberger Park befinden sich zahlreiche Erinnerungsstücke an diesen Feldzug.

In seinen späteren Jahren galt er aber als würdiger, alter Monarch. In seiner Regierungszeit erlebte Deutschland einen beachtlichen wirtschaftlichen Aufschwung. Man nennt diese Zeit heute noch „die Gründerjahre".

*Foto: Statue Wilhelms I. an der Fassade des Potsdamer Amtsgerichtes, Hegelallee*

## Tour 8: Erkundungen im Park Babelsberg

### Der Park Babelsberg

Als Prinz Wilhelm von seinem Vater das Gebiet um den Park Babelsberg geschenkt erhielt, hatten seine Brüder Friedrich Wilhelm und Carl sich bereits in den Parks Charlottenhof und Glienicke ihren Traum vom Leben in heiterer Atmosphäre und im Geiste des klassischen Altertums erfüllt. Wilhelm hingegen fühlte sich als Militär und hasste Gefühlsduselei. Sein Ideal entsprang den in deutschen Heldensagen besungenen Mannestugenden Mut, Kraft und Härte. Er ließ auf dem Babelsberg nach Vorbildern der deutschen und englischen Gotik bauen. Hier stellt sich eine eher schwermütige Stimmung ein. Wenn die unterschiedlichen Parks in und um Potsdam dennoch ein harmonisches Ganzes ergeben, dann ist das der genialen Weitsicht von Peter Joseph Lenné und Karl Friedrich Schinkel zu verdanken.

**ca. 2 Stunden**

**BUS 616**
**Halt: *Schloss Babelsberg***

*Fotos oben: Schloss Babelsberg im Winter, Blick aus der Gerichtslaube über die Havel*

www.spsg.de/schloesser-gaerten/objekt/park-babelsberg

### 1 Das Pförtnerhaus

Die gotischen Formen des Pförtnerhauses lassen ahnen: Hier beginnt eine Zeitreise, die rund 500 Jahre in die Vergangenheit führt, auch wenn die Bauten selbst hier kaum länger als 150 Jahre stehen. Der Parkeingang befindet sich bereits auf einer Anhöhe. Kaum geben die Bäume den Blick auf die Landschaft frei, bieten sich atemberaubende Ausblicke.

*Historischer Wegweiser im Park Babelsberg*

*Schweizer Haus in Klein Glienicke*

### Abstecher: Klein Glienicke

Der Weg von der Anhöhe hinunter führt über eine kleine Brücke in den Ortsteil Klein Glienicke. Er befand sich zu Zeiten der Berliner Mauer im „Niemandsland" und war nur mit Spezialerlaubnis zu betreten. Hier fallen zwei Wohnhäuser auf, wie man sie vielleicht in der Schweiz vermutet. Prinz Carl, der Herr des nahen Schlosses Glienicke, hat sie um 1860 einer Mode folgend errichten lassen.

Auf der anderen Straßenseite steht das Jagdschloss Glienicke. Es geht zurück bis auf die Zeit des Großen Kurfürsten. Zahlreiche Veränderungen lassen kaum noch das Renaissance-Schloss erkennen. In den 1960er-Jahren wurde es vom Architekten Max Taut zu einer Jugendbegegnungsstätte umgebaut. Es ist für Besucher nicht zugänglich. ►

*Dampfmaschinenhaus im Park Babelsberg*

### 2 Das Dampfmaschinenhaus

Am Uferweg geht die Tour weiter. Sie führt zu einer vermeintlichen Ritterburg am Wasser. Potsdam-Kenner ahnen: Hier steht wieder einmal ein früheres Dampfmaschinenhaus. Von hier aus wurden zwei Bassins auf der Anhöhe gespeist, die die Fontänen im Park mit Wasser belieferten. Darunter auch eine Fontäne auf der Wasseroberfläche, die in den Sommermonaten einen über 20 Meter hohen Wasserstrahl entstehen lässt.

## 3 Das Schloss Babelsberg

Der Weg führt nun über einen vom Uferweg abzweigenden schmalen Weg. Über eine eiserne Brücke geht es hinauf zum Schloss Babelsberg. Der Anblick dieses im Tudor-Stil errichteten Baus mag irritieren. Keine klare Linie führt das Auge: Türme und Türmchen, Erker, Fassadenvorsprünge: eine Vielzahl architektonischer Details. Augusta, die Gemahlin Wilhelm I., liebte es so. Selbst der große Schinkel hatte es schwer, sich gegen ihre Geschmacksvorstellungen durchzusetzen. Als in einer zweiten Bauphase vor allem repräsentative Gebäudeteile hinzukamen, waren die Nachfolger Schinkels noch stärker den Wünschen der Monarchin ausgesetzt.

**Schloss Babelsberg**
geschlossen, zu Sonderveranstaltungen geöffnet

*Teesalon im Schloss Babelsberg*

### Ein Weltreisender als Gartenkünstler

Nachdem er so viel für die Verschönerung der Landschaft um Potsdam geleistet hatte, musste Peter Joseph Lenné am Ende seiner Laufbahn eine herbe Niederlage einstecken. Der Lebemann, Weltreisende und Gartenkünstler Fürst Pückler-Muskau schaffte es, das Vertrauen des Prinzen Wilhelm und vor allem dessen Gattin Augusta zu erringen. So sicherte er sich den Auftrag zur weiteren Gestaltung des Parks Babelsberg. Selbstbewusst forderte er, „man muss mir nur freie Hand lassen und tun, was ich sage." So entstand in den 13 Jahren nach 1842 ein kunstvoller, romantischer und zugleich urwüchsiger Park.

*Skulptur einer Dogge*

Das Schloss Babelsberg gehört zu den 23 Bau- und Gartendenkmälern, die im Rahmen eines Sonderinvestitionsprogramms vor dem Verfall gerettet werden und ist daher für Besucher nicht geöffnet. Wer aber bereit ist, sich auf die Detailfülle der Architektur einzulassen, kann manche interessante Entdeckung machen. Zum Beispiel die von der Bildhauerin Elisabeth Ney um 1880 geschaffene Skulptur einer wachsamen Dogge. Dabei lohnt sich auch ein Blick auf die Rückseite des Schlosses.

### 4 Der Pleasureground

Westlich des Schlosses erstreckt sich ein kunstvoller Blumengarten. Vergoldete Gitter, eine Brunnenfontäne und ein jahreszeitlicher Blütenteppich charakterisieren diesen Gartenbereich. Geschwungene Wege führen hindurch. Im Rosarium fügen sich 16 Einzelbeete wie Blütenblätter zusammen.

**Pleasureground:** *Blumenbeet; Zieranlage auf ebener Fläche, auch: Gartenparterre*

Unterhalb des Pleasuregrounds beginnt die Goldene Rosentreppe. Dieser mit Rosen bewachsene Laubengang führt wieder hinab zum Uferweg, der sich malerisch an der Havel entlangschlängelt. Der Blick geht zur Glienicker Brücke und hinüber zur Berliner Vorstadt.

### 5 Das Kleine Schloss

Das hübsche weiße Haus am Flussufer ist älter als Schloss Babelsberg. Es entstand durch Umbau eines früheren Gartenhauses im Stil der englischen Neugotik. Das Schlösschen diente dem Prinzenpaar während des Schlossbaus als Unterkunft und wurde auch von der nachfolgenden Generation kurzzeitig als Wohnung benutzt. Im Untergeschoss befindet sich ein Restaurant.

### 6 Das Matrosenhaus

Parallel zum Uferweg steigt das Gelände immer höher an. Der Park wird bergig. Wenige Meter oberhalb des Weges fällt ein kleines Gebäude mit einem reich verzierten Giebel auf, wie es im Mittelalter für norddeutsche Rathäuser typisch war. Hier war die Matrosenstation für die königlichen Havel-Boote untergebracht. Das Haus ist nicht zugänglich.

Von hier aus ist bereits das nächste Ziel, der Flatowturm, zu sehen. Mehrere Wege führen hinauf. Der interessanteste: Um das Matrosenhaus herum zur „Generalseiche", einem verwitterten Baumriesen (tolle Aussicht!) und weiter über die „Bismarck-Brücke".

### 7 Der Flatowturm

Der Flatowturm gehört zu den trutzigen Parkarchitekturen, wie sie Wilhelm I. liebte. Dem Eschenheimer Torturm in Frankfurt/Main aus dem 15. Jahrhundert nachgebildet, besitzt er zusätzlich einen Wassergraben und eine Zugbrücke. Er ist eine Erinnerung an den Feldzug gegen die Aufständischen in Süddeutschland.

Auf dem Weg zum Aussichtsgeschoss kommt der Besucher durch das Arbeitszimmer Wilhelms. Von den früheren Einrichtungsgegenständen, darunter eine Ansammlung von Erinnerungsstücken an vergangene Tage, ist allerdings nichts mehr erhalten.

**Flatowturm**
Mai bis Okt.
Sa, So 10–17.30 Uhr

www.spsg.de/schloesser-gaerten/objekt/flatowturm-im-park-babelsberg

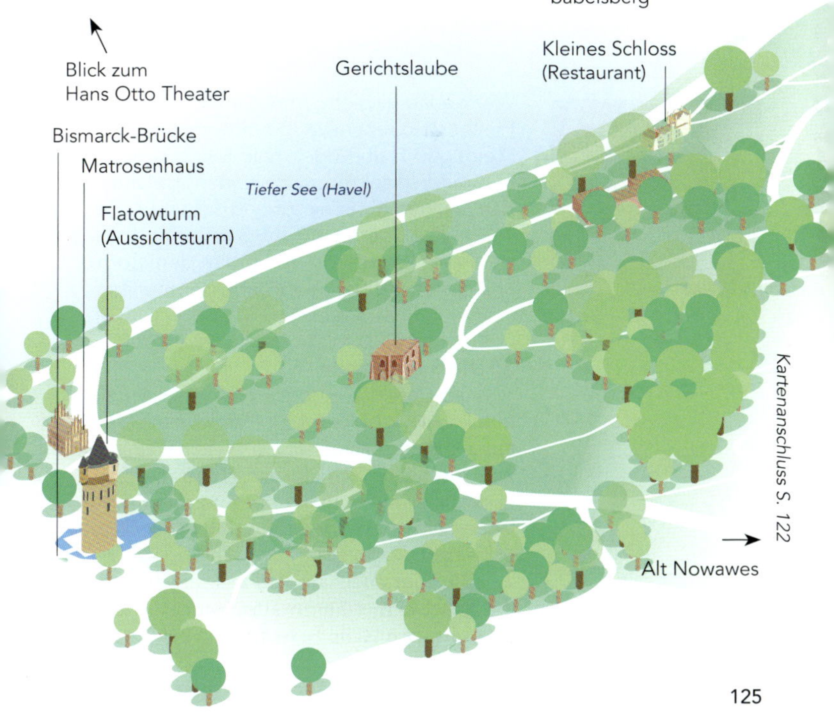

Blick zum Hans Otto Theater
Gerichtslaube
Kleines Schloss (Restaurant)
Bismarck-Brücke
Matrosenhaus
*Tiefer See (Havel)*
Flatowturm (Aussichtsturm)
Kartenanschluss S. 122
Alt Nowawes

Heute finden hier Ausstellungen statt. Dem Flatowturm im Park Babelsberg liegt die gesamte Innenstadt Potsdams zu Füßen. Im Hintergrund die Ravensberge, der Telegrafen- und der Brauhausberg, auf der anderen Seite der Pfingstberg. Dazwischen die Havel. Im Park fällt ein würfelförmiger roter Ziegelsteinbau auf. Er ist das nächste Ziel des Rundgangs.

**Gerichtslaube**
frei zugänglich

## 8 Die Gerichtslaube

Auf einer Anhöhe gegenüber dem Flatowturm steht die Gerichtslaube – erneut eine mittelalterliche Parkarchitektur. Es ist die im 13. Jahrhundert neben dem Rathaus in Berlin erbaute öffentliche Verhandlungsstätte, genannt die Gerichtslaube. Als sich die Berliner 1860 entschlossen, ein neues Rathaus zu bauen (das heute noch genutzte Rote Rathaus), musste die Gerichtslaube weichen. Der König zeigte Interesse an dem Bauwerk, und die Stadtväter schenkten es ihm. Es wurde abgetragen und im Park Babelsberg wieder aufgebaut. Diesmal allerdings als Teehaus. Zum Teezimmer im Obergeschoss führte eine Wendeltreppe, die jedoch nicht mehr vorhanden ist.

Wer genau hinsieht, findet an einem der Pfeiler der Gerichtslaube eine seltsame Steinfigur: Halb Vogel, halb Mensch, versehen mit Eselsohren, war sie im Mittelalter das Zeichen für Schimpf und Schande. Sie wurde Kaak genannt. Unter ihr befand sich der Pranger, an dem Verurteilte dem Zorn und Spott der Berliner überlassen wurden.

## 9 Die Siegessäule

Von der Gerichtslaube aus geht es wieder ein Stück zurück in Richtung Flatowturm. An einer Gabelung beginnt ein breiter Weg, der zum westlichen Parkausgang führt. Die Siegessäule erinnert an den Sieg im preußisch-österreichischen Krieg 1866 und gilt als kleine Schwester der Siegessäule in Berlin.

Die Tour endet am Parkausgang gegenüber der **Babelsberger Sternwarte**. Seit 1911 werden hier astronomische Forschungen betrieben.

**BUS 616**
**Halt:** ***Sternwarte***

*Fotos oben: Sportrestaurant Hiemke im Weberviertel, das ehemalige Babelsberger Rathaus*

## Tour 9: Durch das Weberviertel Nowawes

Der Stadtteil Babelsberg auf der anderen Seite der Havel gehört erst seit 1939 zu Potsdam. Damals kamen zwei Stadtgebiete zusammen, die unterschiedlicher kaum sein konnten. Hier die ehrwürdige Residenzstadt, geprägt von Beamten, Militärs und Hoflieferanten. Dort eine bunte Bevölkerung, die ihren Lebensunterhalt zum größten Teil durch harte körperliche Arbeit verdiente. Vor 100 Jahren war Babelsberg die größte Industriestadt in der südlichen Umgebung Berlins. Wir laden Sie ein zu einem Bummel durch die Einkaufsstraßen der City und durch das Weberviertel.

 **ca. 2 Stunden**

**BUS 616, 694**

**Halt: *Spindelstr.***

### 1 Das ehemalige Rathaus

Das ehemalige Rathaus von 1898 am Verkehrsknotenpunkt Rudolf-Breitscheid-/Karl-Liebknecht-Straße erinnert daran, dass Babelsberg einst eine selbstständige Stadt war. Aber schon seit 1891 bestand nach Potsdam eine Eisenbahn- und seit 1908 über die Havel hinweg eine Straßenbahnverbindung. Heute ist das Rat- ein Kulturhaus.

### 2 Die Rudolf-Breitscheid-Straße

Folgen Sie der Rudolf-Breitscheid-Straße in Richtung der S-Bahn-Trasse. Hier zeigt Babelsberg sein städtisches Gesicht: Läden, Kinos, Gastronomie – alles bunt gemischt.

*Das Thalia-Kino in der Rudolf-Breitscheid-Straße*

*Friedrichskirche*

### 3 Der Weberplatz

Durch die Bendastraße gelangen Sie zum Weberplatz. Er ist der Mittelpunkt des historischen Nowawes, einer Ansiedlung böhmischer Siedler (Nowa ves = Neudorf), die um 1750 als religiös Verfolgte nach Preußen kamen. In der Mitte des Weberplatzes steht die nach dem Preußenkönig benannte **Friedrichskirche**. Sonnabends ist hier Markttag. Im Juni jeden Jahres findet das Böhmische Weberfest statt und am ersten Adventwochenende der Böhmische Weihnachtsmarkt.

Zu Zeiten Friedrichs II. mangelte es an Webern in Preußen, zumal das Militär immer höhere Ansprüche stellte. So gab er selbst die Order, nach einheitlichem Plan Siedlungshäuser für die Weber zu errichten: Die Tür in der Mitte, zwei Fenster auf jeder Seite, waren sie für jeweils zwei Familien bestimmt. Auf einem unfruchtbaren Stück Land wurde der Ort sehr großzügig angelegt. Vor jedem Siedlungshaus befand sich eine Wiese, auf der die gewebten Tücher zum Bleichen ausgebreitet wurden.

### 4 Die Karl-Liebknecht-Straße

Die Schornsteinfegergasse führt zur Karl-Liebknecht-Straße, der wichtigsten Einkaufsstraße von Babelsberg. Sie bietet Vielfalt in jeder Beziehung: in der Architektur, im Angebot der vielen kleinen Geschäfte und im Ambiente der Gaststätten.

**Museum Weberstube Nowawes**
Karl-Liebknecht-Str. 23
Di, Mi, Do 14 – 17 Uhr
weberstube-nowawes.de

### 5 Das Weberhaus Nr. 23

Das Weberhaus Nr. 23 beherbergt ein kleines Museum, das die Geschichte der Weber von Nowawes erläutert.

### 6 Die Karl-Gruhl-Straße

In der Karl-Gruhl-Straße wurden in den letzten Jahren die früheren Bleichwiesen vor den Weberhäusern wiederhergestellt – ein besonders schönes Beispiel für die Pflege dieses alten Siedlungskerns. Durch die Spindelstraße gelangt man zur Straße Alt Nowawes. Auch hier die facettenreich gemischte Bebauung: Weberhäuser ducken sich neben Wohnhäusern des 20. Jahrhunderts. Nur wenige Schritte sind es zum Park Babelsberg.

## Die Villenkolonie Neubabelsberg
## Auf den Spuren von Mies van der Rohe

1871 wird nach drei Kriegen das Deutsche Reich gegründet und der preußische König zum deutschen Kaiser gekrönt. Für Deutschland beginnen die „Gründerjahre", eine Zeit des industriellen Aufschwungs und der Glücksritter. Ganz nahe am Sommersitz des Kaisers erwerben zwei Berliner ein großes Stück Land und parzellieren es.

Hier gab es keine Auflagen, was und wie gebaut werden durfte – allein der Geldbeutel entschied über Größe und Ausstattung der Häuser. Die Villenkolonie wuchs nur langsam. So wurde nach den Moden, aber auch den Möglichkeiten mehrerer Jahrzehnte gebaut. Prachtvolle Villen der Anfangsjahre wurden mehr und mehr durch zweckmäßige Bauten abgelöst. Vor allem nach dem Ersten Weltkrieg galt es, mit geringen Mitteln viel zu erreichen. Das war die Stunde junger und innovativer Architekten. Der bekannteste unter ihnen: Mies van der Rohe. Er lebte 1886 bis 1969 und gilt als einer der wichtigsten Bauhaus-Architekten. Er emigrierte 1938 in die USA und wurde Professor am Chicagoer „Illinois Institute of Technology".

Das **Haus Riehl** in der Spitzweggasse 3 entwarf van der Rohe im Alter von 20 Jahren. Es war seine erste Arbeit als Architekt. Von der Straßenseite wirkt das Haus klein und einfach. Was jedoch von hier aus nicht zu sehen ist: Am Hang erstreckt sich ein weiteres Stockwerk mit einer verglasten Loggia.

Das **Haus Urbig** in der Virchowstraße 23 entstand nach seinen Plänen 1915 bis 1917. Der strenge Klassizismus dieses Hauses erinnert an Karl Friedrich Schinkel. In diesem Haus residierten 1945 während der Potsdamer Konferenz die britischen Delegationsleiter Churchill und Attlee (siehe S. 97).

Das dritte Werk des großen Architekten steht in der Karl-Marx-Straße 29, das **Haus Mosler**. Es entstand 1924 bis 1926 ebenfalls in klassizistischer Linienführung, allerdings noch schmuckloser, strenger und nüchterner. Alle Gebäude befinden sich im Privatbesitz und sind nicht von innen zu besichtigen.

**Tipp**

Hier können Führungen durch die Villenkolonie angefragt werden:
www.potsdam-ausflug.de I anfrage@potsdam-ausflug.de I 0179 394 56 89

# Die Medienstadt Babelsberg

**601, 690**
**Halt: *Filmpark***

**Regional-Express RE7**
**> Potsdam**
**Halt: *Medienstadt Babelsberg***

Die Medienstadt Babelsberg ist ein Studiokomplex der Superlative – sowohl was das Alter betrifft, als auch die Menge der Produktionen. Seit 1912 entstanden hier zunächst Stummfilme, dann Tonfilme, später Farbfilme und schließlich Fernsehfilme. Im Laufe von über 110 Jahren waren es mehr als 3.000 Produktionen zum Zweck der Unterhaltung, Belehrung und auch Propaganda.

*Stuntshow im Vulkan*

Auf dem Studiogelände befinden sich historische Gebäude wie das älteste Großatelier-Filmstudio der Welt – heute „Marlene-Dietrich-Halle" genannt – und das „Tonkreuz" für die ersten deutschen Tonfilme. Daneben steht ein moderner Atelierbau, in dem u.a. „Gute Zeiten, schlechte Zeiten" produziert wird. Am Rand der Filmstadt entstand die derzeit größte Kulissenstraße Europas mit 54 Hausfassaden speziell für die Serie „Babylon Berlin". Auf dem Gelände hat auch die Filmuniversität Potsdam ihr super-modernes Gebäude. Nicht zu vergessen: Auch der Filmpark Potsdam ist ein Teil der Medienstadt..

**Filmpark Babelsberg**
barrierefrei außer U-Boot und 4D-Kino
Mitte April bis Ende Okt.
fast täglich 10–17/18 Uhr
Tel. (0331) 721 28 50
www.filmpark-babelsberg.de

## Der Filmpark

Dieser besondere Teil der Medienstadt hat es sich zur Aufgabe gemacht, das Erlebnis Film einer großen Öffentlichkeit nahezubringen. Die Traumfabrik ist hier zum Anfassen real. Der Haupteingang befindet sich an der Großbeerenstraße, gleich neben der Metropolis-Halle. Der Filmpark Babelsberg ist ein saisonaler Freizeitpark rund um das Thema Film mit jeder Menge Originalkulissen, Ausstellungen, Attraktionen, speziellen Kinos, Shows und Ausstellungen zu Film und Filmhandwerk.

**Metropolis Halle**
Die Multifunktionshalle am Rand der Filmstadt ermöglicht Veranstaltungen mit 5.000 Besuchern.

*Die Caligari Halle*

## Historischer Ort: Filmgeschichte in Babelsberg

Als die Ära des Tonfilms begann, stand eine junge Schauspielerin erstmals vor der Kamera. Der Film hieß „Der Blaue Engel" und die Anfängerin Marlene Dietrich. Als die Nazis das Kommando in Babelsberg übernahmen, verließ eine Reihe von Schauspielern und vor allem Regisseuren das Land und ging in Richtung Amerika. So auch Marlene Dietrich. 1946 kam aus Babelsberg der erste deutsche Nachkriegsfilm. Aus der UfA wurde die DEFA, die staatliche Filmgesellschaft der DDR. Bis zu deren Ende entstanden hier 750 Spielfilme, bleibende Kunstwerke neben propagandistischen und belanglosen Streifen. Mit der DDR verschwand auch die DEFA. Das Gelände stand nun für Produktionen aller Art zur Verfügung: Fernsehserien, Talkshows, Werbeclips und sogar große Hollywood-Filme. Aus dem Filmgelände wurde die Medienstadt mit Studios des regionalen Rundfunk- und Fernsehprogramms rbb und Hightech-Anlagen für die verschiedensten Dienstleister.

# Ziele am östlichen Stadtrand

### Das Jagdschloss Stern

Am östlichen Rand von Potsdam steht ein eher bescheidenes, rotes Backsteinhaus im holländischen Stil. Weder Größe noch Aussehen deuten auf ein Schloss hin. Neben einem Saal enthält es nur noch eine kleine Küche und einen Schlafraum. Und trotzdem war es für den sparsamen „Soldatenkönig“ der einzige Bau, den er sich in Potsdam gönnte. Dort, wo sich in seinem Jagdrevier Parforceheide 16 Waldwege trafen, ließ er 1730 – 1733 sein „Jagdschloss Stern“ errichten. Im Rahmen von Sonderveranstaltungen geöffnet.

www.jagdschloss-stern.de

### Der Königswald

Rund um den Sacrower See erstreckt sich ein durch Wanderwege erschlossenes, waldreiches Naturschutzgebiet. Hier gibt es Brut- und Winterraststätten für viele Wasservogelarten. Vom Schlosspark Sacrow führt ein ausgeschilderter Weg (ca. 1,6 km) zur Römerschanze, den Überresten einer großen Ringwall-Anlage aus der Bronzezeit, die mehrere Häuser schützte. Das Wasser des Sacrower Sees ist sauber und klar; an der Nordseite befindet sich eine Badestelle.

### Park und Kirche Sacrow

Der von Lenné gestaltete Sacrower Schlosspark und die von Persius erbaute Heilandskirche bilden den nordöstlichen Abschluss der Potsdamer Kulturlandschaft. Es ist ein unvergesslicher Anblick, wenn sich die auf einer Landzunge in die Havel hineingebaute Kirche im Wasser spiegelt. Der separat stehende Campanile entspricht italienischen Vorbildern. Eine Tafel verweist auf die ersten Funkversuche, die 1897 den Physikern Adolf Slaby (1849-1913) und Georg Graf von Arco (1869-1940) von hier aus über den Jungfernsee zur Matrosenstation Kongsnaes gelangen. Ein kleiner Spaziergang am Wasser entlang führt zum Sacrower Schlosspark. Er wartet mit verträumten Winkeln und uralten Bäumen auf. Das Schloss mit der klassizistischen Fassade wird im Sommer gelegentlich für Ausstellungen genutzt und ist dann für Besucher geöffnet.

www.spsg.de/schloesser-gaerten/objekt/schloss-sacrow

Die Havel abwärts

# Der Potsdamer Süd-Westen

*Die Havel durchfließt – aus Richtung Nordwesten kommend – die Potsdamer Innenstadt, wo sie durch die Freundschaftsinsel in zwei Arme geteilt wird. Auf ihrem weiteren Weg in den Südwesten dehnt sie sich so weit aus, dass sie sich als Seenkette darstellt.*

**Tour 10** führt vom Hauptbahnhof aus zunächst über den Brauhausberg auf den Telegrafenberg und von dort hinunter zum Stadthafen.

Dann geht es am nördlichen Ufer entlang der Havel bzw. des Templiner Sees bis an die Potsdamer Stadtgrenze.
**Extra:** Der Wissenschaftspark „Albert Einstein“
**Extra:** Kinderwelten

## Tour 10: Entlang der Havel

ca. 3 Stunden

*Plastik „Gesicht- zeigen" von Wolfgang Mattheuer am Minsk Potsdam Hauptbahnhof*

### 1 Der Potsdamer Hauptbahnhof

Am Potsdamer Hauptbahnhof endet eine Linie der Berliner S-Bahn. Hier hält der Regional-Express RE1 auf der Fahrt zwischen dem Havelland (aus/in Richtung Brandenburg an der Havel oder Magdeburg) durch die Berliner City ins Oderland (aus/in Richtung Frankfurt (Oder)). Hier steigt man um in Regionalbahnen ins Potsdamer Umland. Der Potsdamer Hauptbahnhof ist aber auch ein Knotenpunkt für den innerstädtischen Straßenbahn- und Busverkehr sowie für die Regionalbusse.

Es gibt einen guten Grund, weshalb der Potsdamer Hauptbahnhof erst im letzten Kapitel dieses Stadtführers eine Rolle spielt: Er liegt abseits der allermeisten Potsdam prägenden Sehenswürdigkeiten. Er befindet sich am südlichen Havelufer, die Innenstadt mit ihren historischen Quartieren am nördlichen Ufer. Wer vom Bahnhof in die Stadt gelangen möchte, muss zunächst die Havel überqueren. Das geht mit der Straßenbahn oder dem Bus – oder natürlich auch zu Fuß.

In diesem Kapitel ist der Hauptbahnhof Ausgangspunkt für Touren in den Potsdamer Südosten und entlang der Havel auf ihrem Weg ins Havelland. Zunächst bleiben wir in der unmittelbaren Nähe des Bahnhofes.

*Der Wasserturm aus dem 19. Jahrhundert am Südausgang des Hauptbahnhofes*

## 2 Der Brauhausberg

Am südlichen Ausgang des Hauptbahnhofs fällt den Ankommenden der Brauhausberg ins Auge. Er ist mit seinen 88 Höhenmetern nicht die höchste Erhebung im Hügelkranz rund um Potsdam, wohl aber die markanteste. Vom gesamten Stadtzentrum aus gut sichtbar, prägt er wesentlich die Silhouette der Landeshauptstadt. Umgekehrt bietet der Berg beeindruckende Ausblicke auf das Potsdamer Zentrum. 1804 erhielt er einen Aussichtsturm – ein „Belvedere" – und wurde zum beliebten Ausflugsziel der Potsdamer. Auch der weitgereiste Naturforscher Alexander von Humboldt nahm mit Vergnügen den Aufstieg auf sich. Für ihn war der Brauhausberg „mein Chimborazo" in Erinnerung an seine abenteuerliche Besteigung des Andengipfels.

Den Namen „Brauhausberg" verdankt der ehemalige Weinberg dem „Soldatenkönig" Friedrich Wilhelm I., der am Fuß des Berges ab 1716 die „Königsbrauerei" errichten ließ. Sie sollte seinen Soldaten ein besseres Bier liefern als das der rund 30 Braustätten. In späteren Jahren wurde hier die berühmte „Potsdamer Stange" gebraut.

Über den Kellergewölben der Brauerei entstand in den 1970er-Jahren das **Terrassenrestaurant „Minsk"**. Das Beispiel für DDR-Moderne hat der Mäzen Hasso Plattner, der bereits das Haus „Barberini" am Alten Markt wieder aufbauen ließ und zu einer der ersten Kunst-Adressen Potsdams gemacht hat, zu einer weiteren Galerie entwickelt. Vorbildlich saniert und modern ausgestattet, werden heute hier Ausstellungen internationaler zeitgenössischer Kunst gezeigt. Ein Schwerpunkt ist die Sammlung Plattners von Werken bekannter DDR-Künstler.

*Das Minst Café*

**DAS MINSK**
Max-Planck-Straße 17
14473 Potsdam
Tel. (0331) 236 014 699
besucherservice@das-minsk.de
www.dasminsk.de

tägl. außer Di 10–19 Uhr

*Das Minsk*

*Königlich-Preußische Kriegsschule, Aufnahme von 1932*

Ein weithin sichtbares Bauwerk erhielt der Brauhausberg 1902 mit der Königlich-Preußischen Kriegsschule für die Offiziersausbildung. Der vorhandene Aussichtsturm wurde in den Gebäudekomplex integriert. Mit dem Ende der Monarchie 1918 wurde aus der Kriegsschule das Reichs- und Heeresarchiv. Nach 1950 diente es der DDR-Staatspartei SED als Sitz einer Regionalleitung. Nach der Wiederbegründung des Landes Brandenburg übernahm 1991 der Landtag den Bau und blieb dort bis zum Umzug 2013 in die Mitte der Stadt. Seither ist der Bau ohne Funktion. Ein Zugang ist nicht möglich.

## 3 Der Telegrafenberg

**BUS 691**
**Halt: *Telegrafenberg***

Hinter dem Brauhausberg geht es weiter nach oben: auf den 94 Meter hohen Telegrafenberg. Seinen Namen hat er von einem optischen Telegrafen, der zu einer Nachrichten-Übermittlungsstrecke gehörte, die Mitte des 19. Jahrhunderts die preußische Hauptstadt Berlin mit dem rheinischen Verwaltungssitz Koblenz verband. Um diesen Kern siedelten sich in den folgenden 150 Jahren zahlreiche wissenschaftliche Einrichtungen zur Erforschung des Himmels und der Erde an. Es entstanden das erste astrophysikalische Observatorium, hier begannen die wissenschaftlichen Erforschung der Erdoberfläche (Geodäsie) und die systematische Vermessung des Erdmagnetfeldes, hier liegt eine Geburtsstätte der deutschen Meteorologie.

*Großer Refraktor*

### Der Wissenschaftspark „Albert Einstein"

Die astrophysikalischen Einrichtungen bildeten den Kern des späteren Wissenschaftsparks. Es waren Geräte der Berliner Sternwarte. Später kam der Große Refraktor hinzu, unter dessen Riesenkuppel sich zu Beginn des 20. Jahrhunderts das drittgrößte Linsenteleskop der Welt befand. Die Präzisionsmechanik der Konstruktion machte es möglich, die 200 Tonnen schwere Kuppel mit einfachen Handrädern zu bewegen. Auf dem Telegrafenberg steht auch der berühmte **Einsteinturm**, der mit seiner geschwungenen Form Architekturgeschichte schrieb. Er wurde unmittelbar nach dem Ersten Weltkrieg errichtet, um durch Sonnenbeobachtungen Einsteins Relativitätstheorie unter Beweis zu stellen.

**GFZ Potsdam, Helmholtz-Zentrum Potsdam**
Telegrafenberg
14473 Potsdam
Tel. (0331) 626 40
info@gfz-potsdam.de
www.gfz-potsdam.de

# Kinderwelten

Für junge Besucher mit Bewegungs- und Forscherdrang bietet Potsdam neben dem Filmpark so manche weitere Attraktion.

**NANO Science Center:** Mitten in der City befindet sich dieses Experimentierlabor durch die Welt der Wissenschaft. Es ist DIE Adresse zum Staunen und Mitmachen rund um naturwissenschaftliche Phänomene. Rund 80 Experimente laden zum Erforschen und Entdecken ein.
www.nano-potsdam.de

**Dino-Dschungel:** Am Havelufer, im Wohngebiet „Am Kiewitt", wurde eine einstige Kaufhalle in einen großen Indoor-Spielplatz verwandelt. In diesem „Dino-Dschungel" gibt es Rutschen, Kletterwände, riesige Trampoline, Labyrinthe, künstliche Berge und mehr.
www.dinodschungel.de

**Katjes:** Einen kleinen Fußweg von der Medienstadt entfernt kann man in der gläsernen Bonbonfabrik von Katjes zusehen, wie Leckereien produziert werden. Durch große Fenster hinunter in die Fabrikhalle kann den Werdegang von Bonbons verfolgen. Im Werksverkauf lassen sich die Süßigkeiten anschließend tütenweise einpacken.
www.katjes.de/erleben/glaeserne-bonbonfrabrik-potsdam

**AbenteuerPark Potsdam:** Auf dem Potsdamer Telegrafenberg befindet sich einer der abwechslungsreichsten Kletterwälder Deutschlands mit einer Gesamtlänge von 1,7 Kilometern und 170 verschiedenen Elementen. Zwölf Parcours sind auf 1 bis 12 Metern Höhe in den Bäumen installiert. Alle sind nach dem neuesten Stand der Technik gesichert, und die Parkranger weisen in das Anlegen von Komplettgurt und Helm sowie die Sicherungstechnik ein. Von der großen Sonnenterrasse aus lassen sich bei einem Imbiss die Kletterer beobachten, auch wenn man selbst lieber unten bleibt.
www.kletterpark.info

*Einsteinturm*

*Nullpunkt: Helmert-Turm*

Zur Himmelsbeobachtung gesellte sich auf dem Telegrafenberg mehr und mehr die Erforschung der Erde, ihres Magnetismus, der tektonischen Bewegungen, der Klimaveränderungen. Heute führen das Deutsche GeoForschungszentrum, die Potsdamer Forschungsstelle des Alfred-Wegener-Institutes für Polar- und Meeresforschung und das Potsdam Institut für Klimafolgenforschung diese Entwicklungen fort. Mit Erdbeben-Früherkennungen, Hinweisen auf Gletscherschmelzen an Süd- und Nordpol sowie Warnungen vor den gravierenden Folgen des Klimawandels machen die Potsdamer Wissenschaftler immer wieder von sich reden.

**Ein Rundgang durch den Wissenschaftspark ist für alle Interessierten tagsüber möglich.**

1 Potsdamer Forschungsstelle des **Alfred-Wegener-Institutes**
2 Helmholtz Zentrum Potsdam · Deutsches **GeoForschungszentrum**
3 Süring-Haus mit Turm für ein meteorologisches Messfeld, derzeit vom **Potsdam-Institut für Klimafolgenforschung** (PIK) und dem Deutschen Wetterdienst (DWD) genutzt
4 **Messwiese** für Wetterbeobachtungen
5 **Haus ohne eisenhaltige Baustoffe** für Messungen des Erdmagnetismus
6 **Michelson-Haus**, älteste wissenschaftliche Einrichtung des Telegrafenbergs, heute Potsdam Institut für Klimafolgenforschung
7 **Großer Refraktor**, einzigartiges Astronomiedenkmal und
8 **Einsteinturm**, beides vom Leibniz-Institut für Astrophysik (mit Sitz in Babelsberg) genutzt
9 **Helmert-Turm**, historischer Nullpunkt der preußischen Landvermessung

## Der Einsteinturm

Der Erste Weltkrieg ist gerade zu Ende, und der junge Architekt Erich Mendelsohn träumt von seinem ersten Auftrag. In ein Skizzenheft zeichnet er mit lockerer Hand Fantasiebauten – schwungvoll, elegant und unkonventionell. Mit dem Eisenbeton ist gerade eine Bauweise entwickelt worden, die noch nie dagewesene Formen in der Architektur möglich macht. Zur gleichen Zeit grübelt der Astrophysiker Erwin Freundlich über eine Versuchsanordnung, mit der er einen wichtigen Baustein zum praktischen Nachweis der Einsteinschen Relativitätstheorie erforschen kann – die Rotverschiebung der Spektrallinien im Gravitationsfeld der Sonne. Der Architekt und der Physiker haben gemeinsam musiziert, und nun suchen sie gemeinsam eine Lösung des physikalischen Problems. Das Ergebnis wird als Symbol der Moderne in die Architekturgeschichte eingehen: der Einsteinturm.

An dieser Stelle soll zwei Irrtümern vorgebeugt werden. Erstens, Albert Einstein, der Nobelpreisträger für Physik, hat hier selbst nie dauerhaft gearbeitet. Zweitens, der Turm ist nicht aus Beton gegossen, auch wenn seine geschwungenen Formen das vermuten lassen. Es haperte beim Bau noch mit der praktischen Bewältigung der Stahlbeton-Bauweise. Schließlich wurde der Turm gemauert und mit einer dicken Putzschicht versehen. Der Einsteinturm blieb ein bauliches Sorgenkind. Durchschnittlich alle zehn Jahre muss er saniert werden. Während des Bombardements 1945 wurde er beschädigt, seine Geräte blieben jedoch intakt. So konnten bereits ein halbes Jahr nach Kriegsende die Sonnenbeobachtungen wieder aufgenommen werden. Die Väter des Einsteinturms waren bereits Jahre zuvor wegen ihrer jüdischen Herkunft gezwungen, Deutschland zu verlassen.

Trotz zahlreicher Unterbrechungen ist der Einsteinturm seit rund 75 Jahren ein funktionierendes Sonnenobservatorium. Von außen nicht sichtbar, besteht es aus zwei Hauptteilen: das vertikale Teleskop im Turm und der horizontale Lichtkanal in den unterirdischen Laborräumen, dazwischen ein Spiegel, der das Licht umlenkt. Mit Hilfe dieses Observatoriums werden Informationen über unser Zentralgestirn wie Temperatur, Druck, Magnetfelder usw. gewonnen. Vom Einsteinturm aus gelang es erstmals, die Temperatur der Sonne festzustellen.

www.aip.de/de/einsteinturm

*Das blu mit Außenanlagen*

**blu – das Sport- und Freizeitbad**
Brauhausberg 1
14473 Potsdam
Tel. (0331) 661 98 51
info@blu-potsdam.de
www.swp-potsdam.de/de/bäder/blu-das-sport-und-freizeitbad

Freizeitbad
täglich 10–20 Uhr

*Fahrradtour durch die Speicherstadt*

## 4 Zum Stadthafen

Die Albert-Einstein-Straße führt vom Telegrafenberg wieder zurück an die Havel. Die einstige Kriegsschule und das „Minsk" bleiben links liegen und der Weg führt direkt auf das neue **Sport- und Freizeitbad** zu, das 2017 unter dem Namen blu eröffnet wurde. Es ersetzt die 1971 eingeweihte Schwimmhalle. Sie erfreute sich großer Beliebtheit, weil sie der breiten Öffentlichkeit zur Verfügung stand, aber auch Austragungsort von Wettbewerben und Sportfesten war. Die neue Halle ist in die Bereiche Sport, Freizeit, Sauna und Wellness aufgeteilt.

Dann geht es an Potsdams neuestem Hotel, dem „the iu" vorbei auf die Brücke, die zunächst die Eisenbahngleise und danach die Havel überspannt, und damit zu Recht Lange Brücke heißt. Von der Brücke aus bietet sich ein guter Ausblick auf das neue Stadtquartier, die **„Speicherstadt"**. Das Ensemble ging aus historisch wertvollen, denkmalgeschützten Getreidespeichern hervor, die Mitte des 19. Jahrhunderts von den Architekten Schinkel, Persius, Boelcke und Hampel errichtet wurden. Die restaurierten Speicher und die Neubauten bilden ein attraktives Wohn- und Kulturareal. Sie prägen mit ihrer charakteristischen Architektur das Stadtbild am südlichen Havelufer.

Der nach seinem Baumeister Ludwig Persius benannte „Persiusspeicher" wurde 1835 im normannischen Burgenstil errichtet. Er ersetzte ein bereits 1699 angelegtes Kornmagazin. Die Speicher entlang der Leipziger Straße gehörten zum Königlich-Preußischen Proviant-Amt, das hier seinen Hauptsitz hatte. Hier wurden die Lebensmittelreserven für das preußische Heer gelagert und verwaltet. Ein weiterer Speicherkomplex befand sich an der Zeppelinstraße, zu dem auch die Garnisonsbäckerei gehörte. Die Garnisonstadt Potsdam besaß – gemessen an der Einwohnerzahl – die größte Dichte an Militärs im ganzen Land.

Am Ende der Langen Brücke, dort, wo die beiden Havelarme Alte und Neue Fahrt wieder zusammenfließen, kommt der Potsdamer **Stadthafen** in den Blick. Unterhalb des Hotel-Hochhauses, um dessen Abriss heftig in der Stadtpolitik gestritten wurde, befinden sich Anlegestellen für die Fahrgastschifffahrt samt Kassenhaus. Das Hafenrestaurant „El Puerto" lädt Gäste zu mediterraner Küche ein – im Winter in den Wintergarten und im Sommer auf die Terrasse direkt am Anleger. Besonders beliebt ist die große Auswahl an Tapas-Häppchen.

Die Fahrgastschiffe der Weissen Flotte Potsdam stechen von hier aus in See zu Rundfahrten havelaufwärts, unter der Glienicker Brücke hindurch und an der Pfaueninsel vorbei zum Berliner Wannsee. Und havelabwärts an Park und Schloss Caputh vorbei in den Schwielowsee zur Inselstadt Werder. Die Highlights der Saison sind die „Flottenparade" zum Beginn der Saison, die „Nächtlichen Schlösserimpressionen" und „Wannsee in Flammen" am Ende der Saison. Der Stadthafen ist auch ein Anlegepunkt des Wassertaxis.

*Blick von der Langen Brücke auf die Neue Fahrt*

**Tram BUS alle Linien Richtung Innenstadt**
**Halt: *Alter Markt/Landtag***

WEISSE FLOTTE POTSDAM GmbH
Lange Brücke 6
14467 Potsdam
Tel. (0331) 275 92 -10/ -20/ -30
info@schifffahrt-in-potsdam.de
www.schifffahrt-in-potsdam.de

*Stadthafen*

*Neptun-Teich im Lustgarten*

*moderne Distanzsäule*

## 5 Der Lustgarten

Gleich hinter dem Stadthafen beginnt der Lustgarten – besser das, was von der ursprünglichen Anlage gerettet wurde. Der zum Stadtschloss gehörende Lustgarten war die älteste Gartenanlage Potsdams. Es handelte sich um ein großes Ensemble zwischen der Prunkfassade des Schlosses und der Havel. Dazu gehörten neben dem barocken Garten der Hafen für die Prunkschiffe des Schlossherren.

Bereits der „Soldatenkönig" Friedrich Wilhelm I. ließ einen erheblichen Teil des Lustgartens einebnen und in einen Exerzierplatz verwandelt. Dessen Sohn König Friedrich II. ließ auf dem verbleibenden Gelände ein Bassin nach dem Vorbild des Apollobassins im Schlosspark von Versailles anlegen. Dessen Mittelpunkt bildete die Figurengruppe „Neptuns Triumph". Bei dem verheerenden Bombenangriff auf Potsdam 1945 nahmen das Schloss und der Lustgarten samt Brunnenanlage erheblichen Schaden. Schließlich wurden beide gänzlich beseitigt. Auf dem Terrain des Lustgartens entstand erst ein Sportstadion, später kam das Hotelhochhaus hinzu.

Anlässlich der Bundesgartenschau 2001 entstand nach dem Abriss des Stadions hier der Neue Lustgarten in moderner Gestalt als grüne

Oase im Stadtzentrum mit vielseitigen Nutzungsmöglichkeiten. Der Straßenzug am Ende der Langen Brücke und das Hotel unterbrechen allerdings das einstige Ensemble unwiederbringlich. Das Neptunbassin wurde unter Nutzung vor allem in Privatgärten wiedergefundener Bruchstücke und Stahlteile restauriert und eine parkartige Gartenanlage neu angelegt. Hier hat die Bronzeplastik „Karl Liebknecht – Herz und Flamme der Revolution“ des Bildhauers Theo Balden (1904-1995) ihren aktuellen Standort. Sie stand zuvor als Teil des „Karl-Liebknecht-Forums“ auf dem Platz entlang der Breiten Straße. Der dient inzwischen für Veranstaltungen wie Stadtfeste und Jahrmärkte. Der Weg durch den Neuen Lustgarten endet an einer hohen Mauer.

*Bronzeplastik „Karl Liebknecht – Herz und Flamme der Revolution“*

## 6 Die Henning-von-Tresckow-Straße

Zwischen dem Knobelsdorff-Bau, in dem sich heute die Potsdamer Spielbank befindet, und dem markanten Eckhaus hinter der Begrenzungsmauer zum Lustgarten führt der Weg weiter entlang der Henning-von-Tresckow-Straße. Das erste Haus in diesem sich parallel zur Breiten Straßen verlaufenden Straßenzug geht auf eine Order von König Friedrich II. zurück, der in unmittelbarer Umgebung seines Schlosses repräsentative Bauten wünschte. Knobelsdorff lieferte die Entwürfe, und der Chef der Leibgarde, General Johann von Ingersleben, ein enger Vertrauter des Königs, fungierte als Bauherr des 1752 fertiggestellten Hauses.

*Denkmalgeschütztes ehemaliges Predigerhaus in der Henning-von-Tresckow-Straße 10*

*Am Beginn der Henning-von-Tresckow-Straße*

*In der Kiezstraße*

Die folgenden Häuser entlang der Henning-von-Tresckow-Straße sind typische Vertreter der unter dem „Soldatenkönig“ erbauten und später erweiterten Stadtpalais. Alle diese Gebäude wurden in der Nachkriegszeit zu einem Ensemble zusammengefasst und werden seither von der Polizei bzw. dem brandenburgischen Innenministerium genutzt. Sie sind daher öffentlich nicht zugänglich. Die Straße wird durch einen auffällig großen Baublock abgeschlossen. Es handelt sich um die 1879 errichtete **Semper-Talis-Kaserne**. Sie entstand auf einem Gelände, das ursprünglich zur berühmten Potsdamer Gewehrfabrik gehörte. Hier kamen inzwischen weitere Gebäude der brandenburgischen Landesregierung hinzu. Am Wohnhaus an der Ecke Hoffbauerstraße/Breite Straße fällt ein skelettierter Ochsenkopf auf. Es ist eine Reminiszenz an den „Ochsenkopffries“, der das einst an dieser Stelle stehende Direktionsgebäude der Potsdamer Gewehrfabrik zierte.

Die Henning-von-Tresckow-Straße führt direkt auf die Hoffbauerstraße zu. Hier verläuft ein Teilstück des zugeschütteten Stadtkanals. An seinem Ende befand sich das Wassertor, das Gegenstück zum Kellertor, durch das ursprünglich das Havelwasser in den Kanal strömte. Nach wenigen Metern folgt die **Kiezstraße**, ein besonders bezauberndes Stück des alten Potsdams. Wir befinden uns hier in einem weiteren mittelalterlichen Siedlungskern, aus dem sich später Potsdam entwickelte: der Fischerkiez.

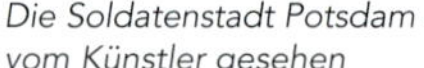

*Die Soldatenstadt Potsdam – vom Künstler gesehen*

## 7 Die Kiezstraße

Wenn da nicht die Autos auf der Straße wären, könnte man meinen, in der Kiezstraße habe sich das Potsdam aus der Zeit Friedrichs des Großen originalgetreu erhalten. Die Rokoko-Häuser stammen aus dem Jahr 1777. Die Rosskastanien in der Straßenmitte sind Nachpflanzungen einer ursprünglich von Lenné angelegten Allee. Auf halber Höhe befindet sich das ehemalige Logenhaus der Freimaurer-Loge „Minerva“, der auch Friedrich II. angehörte. Noch in den 1920er-Jahren wehrten sich die Bewohner der Straße mit Verbotstafeln gegen Autos. Im Haus am Ende der Straße befand sich bis vor einigen Jahren die Gaststätte „Froschkasten“. Sie war die älteste existierende gastronomische Einrichtung von Potsdam. Jedes Jahr begrüßten hier Frösche mit lautem Gequake das Frühjahr. Dieser Vorgang trug zur Belustigung der Gäste bei und machte den **„Froschkasten“** weithin bekannt. Nun ist die Havelbucht erreicht.

*Der „Froschkasten“*

**BUS 695**
**Halt:** ***Naturkundemuseum***

## Historischer Ort: Die Semper-Talis-Kaserne

Die Kaserne in unmittelbarer Nähe zur Garnisonkirche diente zunächst der zentralen Unterbringung des aus den „Langen Kerls“ hervorgegangenen 1. Garderegiments zu Fuß. Zwischen 1921 und 1945 beherbergte sie das Infanterieregiment Nr. 9, das sich in alter Traditionslinie sah. In keinem anderen preußischen Regiment versahen so viele adlige Offiziere ihren Dienst. Namhafte Angehörige dieses Regiments gehörten zu den Männern des militärischen Widerstands gegen Hitler, der in das gescheiterte Attentat vom 20. Juli 1944 mündete. Sie bezahlten ihren Patriotismus mit dem Leben. Unter ihnen Hennig von Tresckow, nach dem die Straße benannt ist. In dem heute von einem brandenburgischen Ministerium genutzten Bau erinnert eine Gedenkstätte an diese Mutigen. An Wochentagen tagsüber geöffnet.

### 8 Die Havelbucht

Auf alten Potsdamer Stadtplänen reichte das Wasser der Havel bis dorthin, wo heute eine Markthalle steht. Die gerade Verbindung aus dem Stadtzentrum zur Zeppelinstraße, der westlichen Ausfallstraße Potsdams, gibt es erst seit den 1980er-Jahren. Damals wurde die Bucht der Havel teilweise zugeschüttet, um den Raum für die Weiterführung der Breiten Straße zu schaffen. Zugleich entstanden hier einige Wohnhochhäuser, die allerdings zum Stil des Alten Potsdam nicht passen wollen. Mit viel Farbe wurden sie in den vergangenen Jahren zumindest aufgehellt. Die Havelbucht selbst hat damit nicht von ihrem Reiz eingebüßt. Die Wiese am neugeschaffenen Nordufer wurde mit Zierkirschen bepflanzt, einem Geschenk aus Japan anlässlich des Mauerfalls. Mit einer Marina ist sie nach wie vor ein beliebter Anlaufpunkt für Freizeitkapitäne und lockt mit einem durchgehenden Uferweg Spaziergänger zu einer Rast am Wasser.

Anziehungspunkt ist die **„Seerose“**, ursprünglich ein Café, heute ein Restaurant. Die acht schwungvollen Betonschalen erregten bei der Fertigstellung 1983 international großes Aufsehen. Entworfen wurde der Bau von Ulrich

Müther (1934 – 2007), einem Pionier der Schalenbeton-Bauweise und wichtigen Architekten des 20. Jahrhunderts. Von ihm stammen so elegante Bauwerke wie der „Teepott" in Warnemünde, das Zeiss-Großplanetarium in Wolfsburg und die futuristische Wasserrettungsstation in Binz. Heute steht die „Seerose" unter Denkmalschutz.

Schon von Weitem zieht ein Minarett am Ufer der Havelbucht die Aufmerksamkeit auf sich. Beim Näherkommen zeigt sich auch die dazugehörige Moschee. So will es scheinen, jedoch in Potsdam sollte man nicht immer dem ersten Anschein glauben. Tatsächlich erleben wir hier ein weiteres Beispiel für die Verspieltheit des königlichen Bauherren Friedrich Wilhelm IV. und seines Architekten Ludwig Persius. Hinter der exotisch-märchenhaften Fassade der „Moschee" versteckt sich ein **Pumpwerk**, das Havelwasser bergauf in ein Bassin auf dem Ruinenberg transportiert. Von dort gelangt es mit gehörigem Druck zu den Fontänen im Park Sanssouci und lässt sie meterhoch sprudeln. Hier leistete zunächst eine der ersten Dampfmaschinen Preußens aus der Berliner Fabrik des noch jungen Unternehmers August Borsig die schwere Arbeit. Inzwischen tun es Elektromotoren. Das zur „Moschee" gehörige Minarett verbirgt den dazugehörigen Schornstein. An einigen Tagen des Jahres werden die Türen für geführte Besichtigungen im **Dampfmaschinenhaus** geöffnet.

*Im Inneren des Dampfmaschinenhauses*

**Tram 91, 94 BUS 605, 631**
**Halt: *Feuerbachstr.***

Geöffnet im Rahmen von Sonderveranstaltungen

*In dem Minarett verbirgt sich ein Schornstein.*

*Erinnerungen an zwei berühmte Aufklärer*

Der westliche Teil der Havelbucht ist als eine parkartige Uferlandschaft gestaltet. Das von Plattenbauten des Wohngebietes „Am Kiewitt“ gesäumte Terrain hält für die Jüngsten Spielplätze und für die Betagten Ruhebänke mit Blick auf den Fluss bereit. Hier beginnt ein kilometerlanger **Uferweg** entlang der Havel, der immer wieder spektakuläre Ausblicke über den Fluss bietet.

Gleich am Anfang des Weges erinnern mehrere verwitterte Steine an zwei hervorragende Vertreter der europäischen Aufklärung: Voltaire und Lessing. Beide verbrachten in einem damals noch außerhalb der Stadtgrenzen liegenden Gartenhaus im zeitlichen Abstand mehrere Wochen, um ihrer literarischen Arbeit nachzugehen. Voltaire vollendete hier sein Geschichtswerk „Das Jahrhundert Ludwigs XIV.“ und Lessing sein Trauerspiel „Miss Sarah Sampson“.

Die Eisenbahntrasse unterbricht den Uferweg. Nach einem kurzen Umweg geht es jedoch am Wasser weiter. Die Wohnhäuser im Hintergrund stammen aus den 1930er-Jahren und stehen auf der Potsdamer Denkmal-Liste. Ein Bauverein errichtete hier 400 Wohnungen, von denen keine größer als 50 Quadratmeter war. Die Straßen der **„Siedlung am Schillerplatz“** laufen auf ein festungsar-

*Hotel am Havelufer mit Persiusspeicher*

tiges Bauwerk zu, die „Bastion". Dort bietet sich ein weiter Blick in die Havellandschaft. Hier befindet sich auch eine Anlegestelle der Fähre der Potsdamer Verkehrsbetriebe zur Insel Hermannswerder. In der Nähe der Siedlung liegt der Regional-Bahnhof „Charlottenhof".

*ViP Fähre*

**Tram 91, 94**
**Halt: *Schillerplatz/ Schafgraben***

## 9 Der Persiusspeicher

Ein Steg führt über den Schafgraben, der Havelwasser in den Park Charlottenhof leitet. Der Uferweg hat nun das Hotel „Vienna House by Wyndham" am Havelufer erreicht. Es ist der moderne Teil eines Gebäudekomplexes, zu dem auch der Persiusspeicher an der Zeppelinstraße gehört. Dann folgt die größte Marina Potsdams. Von hier aus ist ist es ein kurzer Fußweg zum Park Charlottenhof mit dem gleichnamigen Schloss.

Der Uferweg entlang der Havel berührt anschließend das Gelände des Potsdamer Olympiastützpunktes. Bereits zu DDR-Zeiten wurden hier die Sportler vor allem in den Disziplinen Kanusport, Rudern, Ringen, Leichtathletik und Schwimmen trainiert, die dann Spitzenplätze bei Olympiaden und Weltmeisterschaften belegten. Kaum vorstellbar, dass sich hier vor einhundert Jahren einer der größten Luftschiffhäfen Deutschlands erstreckte.

*Eingang zum Luftschiffhafen*

Das Zeppelin-Luftschiff „Hansa" wird als erste Insassin in der Halle aufgenommen, März 1913

## ⑩ Der Luftschiffhafen

Graf Ferdinand von Zeppelin hatte Potsdam als Drehkreuz seiner Luftschiff-Flotte für ganz Europa ausersehen. 1912 entstand daher an der Havel die größte Luftschiffhalle Deutschlands. Der Erste Weltkrieg machte die Pläne jedoch zunichte. Immerhin wurden bis dahin insgesamt 35.000 Passagiere befördert. Ein Hotel-Komplex knüpft an die Tradition der „Zeppeline" an und nutzt noch vorhandene Einrichtungen als Seminarräume. Die einzelnen Häuser des Hotels sollen an Luftschiffe erinnern, die verstreut in der Landschaft stehen.

Tram 91
**Halt: *Luftschiffhafen***

Dann geht es über eine Eisenbahntrasse, die in den Jahren der Berliner Mauer eine wichtige Rolle spielte. Auf ihr verkehrte der „Sputnik", der im großen Bogen um West-Berlin herum Potsdam mit Ostberlin verband und im Bahnhof Pirschheide endete. Damals trug er den Namen Potsdam-Hauptbahnhof. Ankommende stiegen

Hotelbauten des "Kongresshotels" in der Anmutung von Luftschiffen

hier in die Straßenbahn um und gelangten nach längerer Fahrt in die Innenstadt. Die Tram-Linie existiert noch immer und ist bestens geeignet für die Rückkehr in die City. Hier beginnt ein ausgedehnter Wald, dessen Name verrät, dass er einst als königliches Jagdrevier diente.

*Der neu erbaute Bahnhof Pirschheide in den 1960er-Jahren*

### ▶ Abstecher: Durch die Pirschheide

**Tram 91 BUS 697**
**Halt: *Bhf Pirschheide***

Der Uferweg aber führt wiederum an einem Hotel vorbei, dem nach wenigen Minuten ein 4-Sterne-Campingplatz folgt – immer wieder als einer der besten Deutschlands ausgezeichnet. Ausgestattet mit eigener Marina, einem Restaurant und Platz für einen Strandurlaub. Am anderen Ufer der Havel zeigt sich ein bewaldetes Mini-Gebirge. Hier erheben sich die Ravensberge mit den höchsten Erhebungen: dem Kleinen (114 m) und dem Großen (108 m) Ravensberg. Ein ausgedehntes Wegesystem führt dort zu vielen Wanderzielen. ▶

# Gut zu wissen

## Kommunikation

Telefonvorwahl: +49 (0) 331
offizielle Webseite: potsdam.de
**Hauptpostamt,** Platz der Einheit ♿
Montag – Freitag 9 – 18 Uhr
Samstag 8 – 13 Uhr
Weitere Postämter befinden sich u.a. in der Zeppelinstraße 132 und in der Babelsberger Str. 12.

**Tageszeitungen mit Lokalteil:**
Märkische Allgemeine Zeitung
Potsdamer Neueste Nachrichten
monatlich kostenlos:
„events" – das Stadtmagazin

## Schlösser und Gärten

Der Flatowturm und der Pomonatempel sind nur an Wochenenden und Feiertagen in der Sommersaison geöffnet.
Lediglich im Rahmen von Sonderveranstaltungen sind geöffnet: Damenflügel von Schloss Sanssouci, Normannischer Turm, Belvedere/Klausberg, Dampfmaschinenhaus, Jagdschloss Stern, Schloss Sacrow und das in Sanierung befindliche Schloss Babelsberg.

Öffentliche Toiletten befinden sich im Park Sanssouci: am Besucherzentrum, im Küchenflügel von Schloss Sanssouci, im Neuen Palais, am Kuhtor nahe der Römischen Bäder, am Affengang in der Nähe des Grünen Gitters, am Ende der Allee nach Sanssouci.

**Weitere Tipps: www.spsg.de**

## Wochenmärkte

Auf dem Bassinplatz: Mo – Samstag
Am Nauener Tor: jeden Samstag

## Wetter

Potsdam befindet sich in 35 Meter Höhe über dem Meeresspiegel auf 52° 24′ nördlicher Breite und 13° 4′ östlicher Länge. Im Winter fallen die Temperaturen nur leicht unter den Gefrierpunkt (Durchschnitt im Januar -1 °C), während im Sommer nur selten Hitzeperioden von über 30°C herrschen. Es gibt durchschnittlich 137 heitere Tage und 150-180 Regentage pro Jahr.

Beste Reisezeit: Frühling und Sommer (April bis September) sind ideal, um die vielen Parks und Seen zu genießen

## Baden und Schwimmen

Potsdamer Freibäder:
- Stadtbad Park Babelsberg
  Am Babelsberger Park 2
- Waldbad Templin
  Templiner Str. 110

Schwimmhallen:
- Sport- und Freizeitbad blu
  Brauhausberg 1
- Kiezbad Am Stern
  Newtonstr. 12

**www.swp-potsdam.de**

## ärztliche Hilfe

Ärztlicher
Kassenärztlicher Notfalldienst: 116 117
Apotheken-Notdienst (kostenfrei): 0800 00 22 8 33
- Klinikum Ernst-von-Bergmann
  Charlottenstr. 72 (0331) 24 10

# Ankommen in Potsdam

## Mit der Bahn

Der Regionalexpress RE 1 verbindet zweimal stündlich den Potsdamer Hauptbahnhof sowie weitere zwei Bahnhofe in Potsdam mit der Berliner City und weiter mit Frankfurt (Oder) bzw. mit Brandenburg an der Havel und stündlich mit Magdeburg. Der Regionalexpress RE7 verbindet die Medienstadt Babelsberg mit Dessau. Die Regionalbahn-Linien RB20 führt von Potsdam Hbf und Griebnitzsee aus nach Oranienburg, die RB22 verbindet den Bahnhof Griebnitzsee sowie den Hauptbahnhof mit Königs Wusterhausen (über BER). Die RB33 fährt über Medienstadt Babelsberg nach Jüterbog und die RB37 nach Beelitz Stadt.

Im Nahverkehr erreicht man Potsdam von Berlin aus bequem mit der S-Bahn. Sie hält hier an den Bahnhöfen Griebnitzsee, S Babelsberg und Potsdam Hbf. Die Linie S7 fährt tagsüber alle 10 Minuten.

## Mit dem Auto

Potsdam liegt innerhalb der Autobahn A10 „Berliner Ring". Die Autobahn A115 verbindet Potsdam und Berlin. Durch Potsdam führen die Bundesstraßen 1, 2 und 273. Aktuelle Infos über Staus, Baustellen und die Belegung der Parkhäuser: www.mobil-potsdam.de

**Parkhäuser (Auswahl):**
- in der WilhelmGalerie am Platz der Einheit
- unter dem Luisenplatz
- Hegelallee, nahe Nauener Tor
- am Kutschstall, W.-Seelenbinder-Str.
- zwei Parkhäuser im Hauptbahnhof

## Mit dem Boot

**Yachthafen Potsdam**
Bei km 23, gegenüber der Insel Hermannswerder, Liegeplätze bis 18 m, Stromanschluss und Frischwasser.
Kastanienallee 22c,
Tel. (0331) 90 10 90
www.yachthafenpotsdam.de

**Marina Am Tiefen See**
direkt am Hans Otto Theater mit Liegeplätzen von 6 bis 20 Metern, Stromanschluss und Frischwasser, Fahrradverleih
Schiffbauergasse 8,
Tel. (0331) 817 06 17
www.marina-am-tiefen-see.de

**Weitere Anlegeplätze:**
(vor dem Anlaufen prüfen)
- km 20,3; linkes Havelufer Templiner Str., 14473 Potsdam
- km 23,7; linkes Havelufer Tornowstr. 1, 14473 Potsdam
- km 24,1; rechtes Havelufer Auf d. Kiewitt 30, 14471 Potsdam
- km 26,3; Neustädter Havelbucht Zeppelinstr. 175, 14471 Potsdam
- km 26,8; rechtes Havelufer Berliner Str. 26/27, 14467 Potsdam

## Mit dem Taxi

Taxiruf (0331) 29 29 29
www.taxi-potsdam.de
Kostenlose App unter:
m.taxi4me.net/mobile

**Interaktiver Stadtplan: www.swp-potsdam.de/Karte**
Informieren Sie sich über die Anfahrt zu den Potsdamer Sehenswürdigkeiten mit touristischen Bus- und Tramlinien.

## Mit dem Flugzeug

**Der Flughafen BER** ist nur rund eine Stunde von Potsdam entfernt. Die Linie **RB22** bietet die Direktverbindung von Potsdam zum Flughafen stündlich mit einer Fahrzeit von 48 Minuten. Am Flughafen gibt es einen eigenen Bahnhof mit der Bezeichnung „Flughafen BER Terminal 1-2".
Alternativ fährt der **BUS-Shuttle BER2** stündlich zwischen dem Potsdamer Hauptbahnhof und dem Flughafen BER. Die Fahrzeit beträgt eine Stunde.

## Potsdamer Nahverkehr

Potsdam gehört zum Tarifgebiet „Berlin C" des Verkehrsverbundes Berlin-Brandenburg. Das bedeutet: In Berlin gelöste Fahrscheine für den Bereich „Berlin ABC" gelten auch in Potsdam – und umgekehrt.

**Die Berlin WelcomeCard**
Sie bietet wahlweise für 48 oder 72 Stunden und 4 bis 6 aufeinanderfolgende Tage freie Tram- und Busfahrt in Potsdam und Berlin und enthält Rabatte bei touristischen Highlights. Sie ist online erhältlich auf www.berlin-welcomecard.de sowie in den Kundenzentren des Verkehrsbetriebes Potsdam und den Tourist-Informationen

**Potsdam besitzt auch einen eigenen Binnentarif (Potsdam AB):**
- Kurzstreckenfahrschein für 4 Haltestellen
- Einzelfahrt (gilt eine Stunde im Tarifgebiet Potsdam AB für eine Fahrt in eine Richtung)
- 24-Stunden-Karten für beliebig viele Fahrten (Mitnahme von bis zu drei Kindern (6-14 Jahre) möglich
- 24-Stunden-Karte Kleingruppe für bis zu 5 Personen

**Fahrscheine gibt es zu kaufen in Fahrzeugen (entwertet):**
- in Straßenbahnen am Automat im mittleren Bereich jedes Wagens
- in Bussen am Automat gegenüber der zweiten Tür

**in Kundenzentren und Agenturen (noch nicht entwertet):**
- Südausgang des Hauptbahnhofes
- WilhelmGalerie, Platz der Einheit
- in über 20 Verkaufsagenturen

**Weitere Informationen:**
www.vip-potsdam.de
**Kundentelefon:** (0331) 661 42 75

## Nachtlinien

Für **Mobilität in der Nacht** sorgen – von Taxis abgesehen – Nachtbusse, die zwischen 1 und 5 Uhr einmal in der Stunde fahren. Die Linie N16 verbindet die Potsdamer City mit dem Berliner S-Bahnhof Nikolassee, wo Umsteigemöglichkeiten zum Berliner Verkehrsnetz bestehen. Zwischen Berlin und Potsdam fahren in den Wochenendnächten auch Züge des Regionalverkehrs und der S-Bahn. An Wochentagen fahren zwischen 1 und 4 Uhr keine Züge.

## barrierefrei durch Potsdam

Der Verkehrsbetrieb setzt im innerstädtischen Verkehr ausschließlich Busse und Straßenbahnen mit Niederflurtechnik ein. Auch der Hauptbahnhof ist barrierefrei.
Die Fahrgastschiffe „MS Paretz" und „Sanssouci" der Weissen Flotte verfügen über mehrere Rollstuhlplätze Die Stiftung Preußische Schlösser und Gärten bietet Sonderführungen für Seh- und Mobilitätsbehinderte, Tel. (0331) 969 42 00 (Di–So).

- Notdienst Tel. 116 117

## Tourist-Informationen

- **Am Alten Markt**
  Humboldtstraße 2
  Mo, Di, Do, Fr 9–18 Uhr, Sa 9–17 Uhr
  So/Feiertage 9.30–15 Uhr
- **mobiagentur im Potsdamer Hauptbahnhof**
  Friedrich-Engels-Str. 99
  Mo–Fr 9–18 Uhr, Sa 9–17 Uhr
  So/Feiertage 9.30–15 Uhr

**Gültig für alle Standorte**
Heiligabend, 1./2. Weihnachtsfeiertag, Silvester und Neujahr geschlossen

**Telefonisches Service Center**
Tel. (0331) 27 55 88 99
www.potsdamtourismus.de

## Besucherzentren der Stiftung Preußische Schlösser und Gärten

- **an der Historischen Mühle**
  An der Orangerie 1
  Tel. (0331) 96 94 200 (Di–So)
  April–Okt. Di–So 9.30–17.30 Uhr,
  Nov.–März Di–So 9.30–16.30 Uhr
- **am Neuen Palais**
  Am Neuen Palais
  Tel. (0331) 601 299 30
  April–Okt. Mi–Mo 10–17.30 Uhr,
  Nov.–März Mi–Mo 10–16.30 Uhr

## Stadtrundfahrten, Rundgänge, Schifffahrt (Auswahl)

**Stadtrundgänge:**

- **Potsdamer Hinterhöfe**
  die historischen Innenstadt abseits der bekannten Wege erkunden
  Treffpunkt: am Brandenburger Tor, Stadtinnenseite, Dauer: 2 Stunden, Preis: ab 17 Euro
- **Italienische Eleganz und historische Ausblicke**
  italienischer Villenarchitektur in Potsdam entdecken
  Treffpunkt: Allee nach Sanssouci/ Grünes Gitter, Dauer: 2 Stunden, Preis: ab 17 Euro

**Mehr Touren, Tickets und Termine auf:** www.potsdamtourismus.de/stadtfuehrungen
Tel. (0331) 27 55 88 99

**Rundfahrten ab Hauptbahnhof**
Am Nordausgang des Hauptbahnhofs warten mehrere Anbieter von Stadtrundfahrten mit meist auffälligen Fahrzeugen auf Gäste:

- **Stadt- und Schlösserrundfahrt „Alter Fritz"**
  Vorbei an den bekanntesten Sehenswürdigkeiten, mit Ausstieg und Führung Schloss Cecilienhof, Schloss Sanssouci sowie Neues Palais, tägliche Rundfahrten, Dauer: 2,5 Stunden
- **„Kaiser Tour Potsdam"**
  Rundfahrten in nostalgischen oder modernen Bussen, begleitet von einem Stadtführer, der die Stationen Schloss Cecilienhof, Schloss Sanssouci und Neues Palais kommentiert. Dauer: 2,5 Stunden
- **Hop on Hop off Busrundfahrt**
  mit 15 Haltestellen an historischen Orten und Sehenswürdigkeiten in Potsdam. Die Busse verkehren halbstündlich.

**„Schlössertour" auf dem Wasser**
Eine besonders eindrucksvolle Stadtrundfahrt ist die 90-minütige „Schlössertour" auf dem Wasser. In der warmen Jahreszeit jede Stunde ab Lange Brücke. Zudem lassen sich täglich die Havelseen und der Wannsee bei einer Rundfahrt erkunden (2–4 Stunden).
Infos unter Tel. (0331) 275 92 10
www.schifffahrt-in-potsdam.de

# Potsdam mit dem Rad erleben

## Mit dem Fahrrad unterwegs

*Viel spricht dafür, Potsdam mit dem Fahrrad zu entdecken: Die Sehenswürdigkeiten Potsdams erstrecken sich über eine Fläche, die gut mit dem Fahrrad zu erkunden ist. Die geringen Höhenunterschiede machen das Radfahren auch für Ungeübte zu einem Vergnügen.*

**potsdam per pedales**
Der Bahnhof Griebnitzsee ist idealer Ausgangspunkt für Rad- und Paddelboot-Touren durch Potsdam. Hier findet sich ein Fahrradladen mit Verleih, Kajakverleih, SUP-Station und Biergarten.
An Potsdams Fahrradparkhaus im Hauptbahnhof steht **„pedales"** ebenfalls dem Radler kompetent zur Seite mit Verleih, Werkstatt und Tourentreffpunkt.
Jeden Samstag von April bis Oktober startet 10.30 Uhr die **„Tour Potsdam Royal"** zu Potsdamer Highlights vom Hauptbahnhof an der Babelsberger Straße.

**potsdam per pedales**
potsdam-per-pedales.de
· Hauptbahnhof/Radstation-Werkstatt: Ausgang Babelsberger Str.
Tel. (0331) 887 199 17
April–Okt. Mo–Fr 8–19,
Sa/So 9.30–19 Uhr, Nov.–März
Mo–Fr 7–19, Sa 10–16 Uhr
· Griebnitzsee Rad-/Paddelstation:
Rudolf-Breitscheid-Str. 201
Tel. (0331) 748 00 57
April–Okt. tgl. 9–18.30,
Sa/So bis 19 Uhr, Nov.–März
Mo–Fr 9–18 Uhr, Sa 10–14 Uhr

**Cityrad-Potsdam**
Radverleih in der Nähe des Hauptbahnhofs (Ausgang Süd)
Heinrich-Mann-Allee 7
Mobil (0176) 5575 86 60
www.cityrad-potsdam.de
Mo–So 9.30–17 Uhr

**PotsdamRad**
Der Verkehrsbetrieb in Potsdam (ViP) bietet in Kooperation mit nextbike eine automatisierte Fahrradausleihe an. An über 40 Ausleihstationen können die Räder ausgeliehen oder wieder abgegeben werden. Anmeldung unter www.nextbike.de/potsdam/de oder Tel. (030) 69 20 50 46.

## Radfahren im Welterbe

Radfahrer müssen sich in den historischen Parks auf Einschränkungen einstellen. Im Grundsatz ist es verboten, Fahrräder mitzuführen, d.h. weder Fahren, noch Schieben sind erlaubt. Es gelten Ausnahmen:
· im **Park Sanssouci** der asphaltierte Ökonomieweg vom Grünen Gitter zum Neuen Palais, die Verbindung vom Ökonomieweg zur Lennéstraße (Kuhtor), die Verbindung vom Nord- zum Südtor am Neuen Palais;
· im **Neuen Garten** der asphaltierte Ökonomieweg vom Haupteingang zur Meierei und die Verbindung zum Schloss Cecilienhof sowie der Uferweg am Jungfernsee von der Schwanenallee bis zur Meierei;
· im **Park Babelsberg** der Ökonomieweg vom Eingang Mühlentor bis zur Parkbrücke am Teltowkanal, einschließlich der Wege zum Strandbad sowie der Uferweg vom Havelhaus zum Pförtnerhaus II (Alt-Nowawes).

## Register der Potsdamer Sehenswürdigkeiten

Die Nummern in den Klammern geben die Koordinaten auf dem MiniStadtPlan an.

**Impressum:**
Potsdam. Der illustrierte Stadtführer erscheint bei EDITION TERRA, einer Marke der terra press GmbH
Albrechtstr. 18, 10117 Berlin
info@terra-press.de
www.terra-press.de
8. Auflage 2025, seit 2005
ISBN 978-3-942917-26-1

Konzept, Text: Joachim Nölte

Gestaltung, Grafiken, Karten: terra press GmbH Berlin

Druck: Druckteam Berlin

Fotos: Archiv Waisenhaus 66; Bach 7; Biosphäre 9, 116; Extavium (NANO) 131; Filmpark Babelsberg 9, 117, 130, 131; BKG/HBPG 62; Nikolaisaal Potsdam 64; Schwarzer 50, 80; SPSG/Murza 43, 123; SPSG 14; SPSG/Handrick 20, 99; SPSG/Pfauder 22; Verein Pfingstberg 110; Bildarchiv Preußischer Kulturbesitz/Lehnartz 109; Abenteuer-Park Potsdam 132; Budweth 130; Filmpark Babelsberg 131 Parkplan; PMSG André Stiebitz 142, 148, 132, Rücktitel oben; PMSG Julia Nimke 142; Wikipedia: Arild Vågen 69; Raimond Spekking & Elke Wetzig 71, 136, 137; H. Raab 133; Fridolin freudenfett 136, 137; Orderinchaos 143; Giorgio Michele 145; Peterle64 (talk) 146; Hillenbrand 151; Zentralbild 153; alle übrigen: Stiftung Preußische Schlösser und Gärten Berlin-Brandenburg (SPSG)/terra press; historische Fotos: Archiv terra press

Bibliografische Information der Deutschen Bibliothek:
Die Deutsche Bibliothek verzeichnet diese Publikation in der Deutschen Nationalbibliografie; detaillierte bibliografische Daten sind im Internet unter http://dnb.ddb.de abrufbar.